ITMC 电子商务沙盘
运营与推广

何　伟　何思瑶　主编

林剑谊　主审

电子工业出版社
Publishing House of Electronics Industry
北京·BEIJING

内 容 简 介

　　网店运营是电子商务企业经营的核心工作内容。本书对接电子商务企业网店运营岗位，以 ITMC 电子商务综合实训与竞赛系统（网店运营推广）4.0 版本为依据，从网店策划、网店开设、网店推广、网店运营和网店运营分析 5 个方面设计教材内容，同时对接全国职业院校技能大赛高职组电子商务赛项的要求，旨在培养读者的网店运营与管理实操能力。

　　本书准确阐明电子商务沙盘模拟企业经营的理念和规则，内容简洁、精练、易懂，可作为全国职业院校技能大赛高职组电子商务赛项运营推广模块的参考用书，职业院校电子商务专业、计算机专业、市场营销专业及其他商贸类专业学生学习电子商务的教材，电子商务爱好者、创业者的自学用书。

图书在版编目（CIP）数据

ITMC 电子商务沙盘运营与推广 / 何伟，何思瑶主编.

北京：电子工业出版社，2025. 2. -- ISBN 978-7-121

-49440-6

Ⅰ. F713.365

中国国家版本馆 CIP 数据核字第 2025FE0698 号

责任编辑：陈 虹　　　　文字编辑：张 彬

印　　刷：天津嘉恒印务有限公司

装　　订：天津嘉恒印务有限公司

出版发行：电子工业出版社

　　　　　北京市海淀区万寿路 173 信箱　　　邮编 100036

开　　本：787×1 092　1/16　印张：11.75　字数：300.8 千字

版　　次：2025 年 2 月第 1 版

印　　次：2025 年 2 月第 1 次印刷

定　　价：42.00 元

凡所购买电子工业出版社图书有缺损问题，请向购买书店调换。若书店售缺，请与本社发行部联系，联系及邮购电话：（010）88254888，88258888。

质量投诉请发邮件至 zlts@phei.com.cn，盗版侵权举报请发邮件至 dbqq@phei.com.cn。

本书咨询联系方式：chitty@phei.com.cn。

前　言

2023 年 6 月，商务部发布《中国电子商务报告（2022）》。报告显示，2022 年全国电子商务交易额达 43.83 万亿元，同比增长 3.5%；电子商务从业人员达 6937.18 万人，同比增长 3.11%。我国电子商务行业依托数字技术加快探索新发展空间，实现了规模和品质双提升、结构和效益双优化，对数字经济的牵引作用日趋明显，已成为促进经济社会发展的重要动力。市场对电子商务人才的需求数量呈现快速增长趋势，对其能力、素质的要求越来越高。

为应对新时代职业教育的新要求，适应电子商务职业教育教学改革和课程建设，以及全国职业院校技能大赛高职组电子商务赛项需要，结合编者多年实践教学经验，指导学生参加全国职业院校技能大赛高职组电子商务赛项心得，以 ITMC 电子商务综合实训与竞赛系统（网店运营推广）4.0 版本为依据编写了本书，以期使学生在仿真实训演练中体验电子商务企业经营活动过程，感受电子商务经营活动的魅力，夯实所学专业知识和技能的基础，进一步增强团队意识，全面提升职业素养。

本书由全国职业院校技能大赛高职组电子商务赛项国赛一等奖指导教师、浙江国际海运职业技术学院何伟与浙江国际海运职业技术学院何思瑶主编，由福州职业技术学院林剑谊主审。书中内容以 ITMC 电子商务综合实训与竞赛系统的任务为主线，分为网店策划、网店开设、网店推广、网店运营和网店运营分析 5 个项目。通过演示租赁办公场所、设立配送中心、装修网店、采购商品、处理订单、配送商品、结算资金、分析财务指标等操作，模拟电子商务企业的开店、采购、推广运营、财务管理等经营过程。

由于编者水平有限，书中难免有缺陷和疏漏之处，恳请专家、读者批评指正。

编　者

目　　录

项目一

网店策划

🔖🔍 项目导学

新手上路：在路上，在学习的路上，在生活的路上，在人生的路上，我不知道什么是成功，但我知道什么是失败，放弃就是失败，不放弃就有希望；坚持，才可能成功！

任务一　洞察市场

任务目标

1. 了解电子商务沙盘的组成架构及其运营参数。
2. 能够从商品生命周期、消费者结构、市场需求和市场供给等维度进行市场数据分析。
3. 具备严谨负责的工作态度和勇于探索的创新精神。
4. 具备一定的数据分析、网店运营规划能力。

任务分析

　　网店经营者在开店前，通过对整个市场进行分析，可以全面了解整个市场的情况。一般来说，网店经营者可以从商品生命周期、消费者结构、市场需求和市场供给等维度分析整个市场。

一、走进电商沙盘

沙盘研究作战情况在
我国的应用介绍

　　沙盘模拟的概念最初来自"作战指挥"。在军事题材的影视作品中，我们经常看到指挥员们站在一个地形模型前研究作战方案。这种结合军事战略和战术变化进行的推演，即战争模拟沙盘推演。应用沙盘研究作战情况在我国有着悠久的历史。商场如战场，特别是在当今的"互联网+"时代，如果只凭借想象去描绘电子商务企业如何管理和运作，那么无疑是"空穴来风"；如果仅仅在每门课程中展现企业的局部现状，那么会让学生感到"只见树木，不见森林"。将一家电子商务企业各个关键部门的运作提炼成一个虚拟企业运营，让学生模拟整个电子商务企业日常经营过程中的管理活动，并进行实际演练，无疑可以避免这些缺憾，这就是电子商务沙盘（以下简称"电商沙盘"）的由来。本书依据中教畅享（北京）科技有限公司（ITMC）研发的电商沙盘系统即电子商务综合实训与竞赛系统（4.0 版本）（内部号 97）编写。

 想一想

　　你见过沙盘吗？请描述一下你见过的沙盘，并谈谈其作用。

（一）电商沙盘认知

中教畅享（北京）科技有限公司研发的电商沙盘系统通过对全程电子商务环境下企业运营的逼真模拟，可将全班学生分成若干组，根据组数自动生成共同市场环境下的若干拥有 500（本书中所有涉及系统的数量均为虚拟，金额单位省略）虚拟启动资金的虚拟企业，每个虚拟企业依据系统提供的市场模型数据魔方信息确定企业定位和经营策略，开展模拟经营。

每个虚拟企业由 4 名学生组成，分别担任店长、推广专员、运营主管、财务主管重要职位；通过租赁办公场所、设立配送中心、装修网店、采购商品等设立网上商店；根据数据魔方进行搜索引擎优化（SEO），获取尽可能多的自然流量；进行关键词竞价搜索引擎营销（SEM）推广，获取尽可能多的付费流量；针对消费人群开展促销活动，制定商品价格，提升转化率；处理订单、配送商品、结算资金；根据财务状况和经营策略，规划资金需求，控制成本。通过"数个会计年度[①]"的训练，让学生充分了解电子商务企业的经营之道，掌握电子商务企业提升流量及转化率的基本技巧，理解大数据环境下的精准营销。

 想一想

你准备如何参与电商沙盘模拟经营的学习和实践活动？请简要说明你的思路和计划。

登录全国职业院校技能大赛高职组电子商务技能赛项官网（见图 1-1），查阅相关资料。

图 1-1　全国职业院校技能大赛高职组电子商务技能赛项官网

---

① 会计年度：在系统里指的是"轮"，一般模拟经营时间为 5 轮。

（二）电商沙盘的组成架构

电商沙盘系统盘面如图 1-2 所示。

电商沙盘系统盘面主要由订单、市场预测图、融资状况、综合费用、行政管理费 5 部分构成。

图 1-2　电商沙盘系统盘面

每个虚拟企业通过操作电商沙盘系统的"工作流程"、"辅助工具"和"经营分析" 3 个业务模块，完成每个阶段的运营过程。

"工作流程"模块主要由开店、采购、推广、运营、财务部 5 部分组成，如图 1-3 所示；"辅助工具"模块包括店铺管理、员工管理、库存管理、仓库信息查询、站外推广信息、×××商城信息、媒体中标信息、采购中标信息、历轮订单列表、我的订单信息、物流信息查询、追加股东投资、物流路线查询、物流折扣管理、排行榜、企业信息等；"经营分析"模块包括市场预测图、现金流量表、财务报表、市场占有率、订单汇总统计、已交货订单统计、未交货订单统计、进店关键词分析、驾驶舱、杜邦分析等。

图 1-3　电商沙盘系统"工作流程"模块

---

① 规范写法为"其他"，本书软件截图中为"其它"。

② 规范写法为"应收账款/应付账款"，本书软件截图中为"应收/应付款"。

③ 规范写法为"短期贷款/还本付息"，本书软件截图中为"短贷/还本付息"。

④ 规范写法为"缴税"，本书软件截图中为"交税"。

⑤ 规范写法为"长期贷款/还本付息"，本书软件截图中为"长贷/还本付息"。

议一议

利用电商沙盘进行网店运营一般有哪些工作？如今各行各业都在"电子商务化"，如果你准备在电商领域创业，那么请思考创始人需要具备哪些素养。

（三）电商沙盘运营参数

1. 运营相关参数设置

在电商沙盘系统教师端设置与运营相关的参数，这些参数是网店经营的重要依据，如表 1-1 所示。

议一议
参考答案

表 1-1　运营相关参数

项目	期初值
初始现金设置	500
行政管理费	10
供求比例	1.5
利润倍数	3
SEM 限词个数	50
套餐最大商品数量	3
物流最大默认运费	10
最大商品预售数量	20
注重品牌人群价格上浮动	0.2
综合评价人群价格上浮动	0.2
注重低价人群价格上浮动	0.1
犹豫不定人群价格上浮动	0.1
增值税税率	0.17
城市维护建设税税率	0.07
教育费附加	0.03
贷款权益倍数	2
贷款基数	100
短期贷款利息（/期）	0.05

续表

项目	期初值
民间融资利息（/期）	0.15
长期贷款利息（/轮）	0.1
短期贷款还款期限（期）	2
民间融资还款期限（期）	2
长期贷款还款期限（轮）	3

2. 经营时间设置

网店模拟经营一般是 5 轮（10 期），每轮的具体时间安排如表 1-2 所示。

表 1-2　经营时间表

经营流程	第1轮	第2轮	第3轮	第4轮	第5轮
从学生进入系统或进入下一轮到"采购投标"结束之前	5 分钟	5 分钟	5 分钟	5 分钟	5 分钟
从"采购投标"结束到"站外推广"结束之前	15 分钟	15 分钟	15 分钟	15 分钟	15 分钟
等待产生订单	1～5 分钟	1～5 分钟	1～5 分钟	1～5 分钟	1～5 分钟
从"站外推广"结束到本期运营结束	5 分钟	5 分钟	5 分钟	5 分钟	5 分钟
从"进入下一期"到第 2 期"采购投标"结束之前	5 分钟	5 分钟	5 分钟	5 分钟	5 分钟
从第 2 期"采购投标"结束到第 2 期"站外推广"结束之前	15 分钟	15 分钟	15 分钟	15 分钟	15 分钟
等待产生订单	1～5 分钟	1～5 分钟	1～5 分钟	1～5 分钟	1～5 分钟
从第 2 期"站外推广"结束到关账	5 分钟	5 分钟	5 分钟	5 分钟	5 分钟
休息	5 分钟	5 分钟	5 分钟	5 分钟	—
经营时间合计	60 分钟	60 分钟	60 分钟	60 分钟	60 分钟
经营时间总计	300 分钟				

3. 经营得分计算

每轮经营结束时都需要进行关账操作。关账时，系统自动提供利润表和资产负债表，并根据得分规则自动计算当轮每组卖家的得分。系统内所有计算均遵循四舍五入原则，并保留小数点后两位。

经营得分=（1+总分/100）×所有者权益合计×追加股东投资比例

通过对得分规则的解析可知，企业经营得分主要有 3 个影响因素，分别是总分、所有者权益合计和追加股东投资比例。在比赛过程中，一般不允许追加股东投资，所以在计算经营得分时主要考虑总分和所有者权益合计。在平时训练中，为了给新手足够的企业经营操作空间，可以考虑为该企业追加股东投资。

比赛中，企业如果想取得较高的经营得分，必须通过提高总分和所有者权益合计来实现。比赛一般以第 5 轮关账后的得分为最终成绩，经营结束时，第 5 轮末的经营得分决定企业经营的效果，排出名次。如果得分相同，则比较各自的所有者权益合计高低，高者胜出；如果中途破产，则按照破产先后顺序排名，后破产的比先破产的排名靠前；如果中途破产且同时破产，则比较两者的所有者权益合计高低，高的排名靠前。

总分的构成项目如表 1-3 所示。

表 1-3　总分的构成项目

项目	得分
未借民间融资	+20
开设 B 店	+100
营业成本分摊得分	+（1−营业成本/营业收入）×100
综合费用分摊得分	+［1−（销售费用+管理费用）/营业收入］×100
资金周转率得分	+营业收入/资产总计×100
净利润率得分	+净利润/营业收入×100
资产报酬率（ROA）得分	+利润总额/资产总计×100
权益报酬率（ROE）得分	+净利润/所有者权益合计×100
资金流动性得分： 流动比率（CR）=流动资产合计/（短期借款+应付账款+应交税费） 速动比率（QR）=（货币资金+应收账款）/（短期借款+应付账款+应交税费）	CR<1 且 QR<0.5　　资金流动性差　　−10 1.5<CR<2 且 0.75<QR<1 资金流动性一般　+50 CR≥2 且 QR≥1　　资金流动性好　　+100 其他比率　　　　　　　　　　　　+0
资产负债率得分	+（1−负债合计/资产总计）×100

4. 破产说明

在模拟经营过程中，出现以下情况时网店即宣告破产：网店所持有的现金不足以支付必须支付的款项，造成现金流断裂。一般造成现金流断裂的原因包括不能支付贷款本息、员工工资、租赁费、维修费、售后服务费、库存管理费、行政管理费、相关税费、物流费用和网店装修费用等。

（四）全国职业院校技能大赛高职组电子商务赛项介绍

全国职业院校技能大赛高职组电子商务赛项（以下简称"本赛项"）对接新技术背景下

电子商务数字化转型升级新趋势，以培养优秀财经商贸人才、服务电子商务行业人才需求为出发点，"加快发展数字经济，促进数字经济和实体经济深度融合"和"推动货物贸易优化升级，创新服务贸易发展机制，发展数字贸易，加快建设贸易强国"等精神。坚持国家"十四五"规划中提出的"鼓励商贸流通业态与模式创新，推进数字化智能化改造和跨界融合，线上线下全渠道满足消费需求"和"培育新型消费，发展信息消费、数字消费"等方针政策，深入贯彻国家发展数字经济、建设数字中国的总体要求，大力促进中国电子商务行业持续健康发展。

本赛项遵循公开、公平、公正、公益的原则，坚持"以高水平赛事推动职业教育高质量发展"主线，对接产业前沿技术和国家职业标准，以职业需求为导向、以实践能力培养为重点、以产教融合为途径，全面考查参赛选手的职业道德、职业素养和技术技能水平，展示职业教育改革成果，引领职业院校专业建设，以赛促教、以赛促学、以赛促改，深化"三教改革"，推动电子商务从业人员整体水平的提升，充分发挥技能大赛对职业教育"树旗、导航、定标、催化"的作用，推进"岗课赛证"综合育人。

1. 赛项整体内容介绍

本赛项按照国家"十四五"电子商务发展规划中提出的"深化创新驱动，塑造高质量电子商务产业"、"推进商产融合，助力产业数字化转型"和"引领消费升级，培育高品质数字生活"等主张，不断深入贯彻落实党中央、国务院关于发展数字经济、建设数字中国的总体要求，基于电商产品开发、视觉营销设计、短视频剪辑与制作、网店运营、互联网营销、全渠道营销等岗位（群），以市场需求挖掘、数据化选品、产品供应渠道评估、产品发布渠道测试、网店首页视觉营销设计、产品主图视频编辑与制作、产品详情页视觉营销设计、网店营销方案制定、网店运营推广、网店运营数据分析与应用等典型工作任务及职业素养为比赛内容，全面考查参赛选手的数据分析、产品开发、视觉营销、营销策划、网店营销、数据化运营等专业核心能力及创新意识、规范意识、风险意识、团队协作意识等职业素养。具体的比赛内容包括电商产品开发，分值占比 20%；视觉营销，分值占比 30%；网店营销与运营推广，分值占比 50%。

2023 年
赛项规程

2. 网店营销与运营推广模块介绍

网店营销与运营推广模块共 50 分，比赛时间 300 分钟，4 人分工合作完成。本模块比赛任务通过电商沙盘系统网店经营的多轮博弈，全面考查参赛选手的网店运营能力及持续盈利能力，采用机考评分的方式对任务实施效果给出符合行业标准的科学评价。

该模块依据网店的可持续发展能力和盈利情况，综合计算经营得分。每个赛场根据各组的经营得分进行排名，第一名 50 分，按照名次递减 2 分，即第二名 48 分，依次类推。一旦发现参赛团队有违规操作行为，则该模块记为 0 分。

二、市场数据分析

市场是企业运转的核心，对市场精确的、敏感的把握是决定虚拟企业经营所用策略的根本。只有了解市场的特点，才能让计划更有针对性，才能在这个基础上去分析竞争对手的思路，最后决定采用哪种策略。例如，进行消费人群选择时，对销售什么商品，主攻哪类消费人群，开局是什么，最终目标是什么等都需要进行分析。

进行市场数据分析可以帮助网店经营者科学选择主营类目和确定网店定位，合理制定运营目标和推广策略，规避和降低经营风险。市场数据分析主要包括商品生命周期分析、消费者结构分析、市场需求分析和市场供给分析。

（一）商品生命周期分析

在模拟经营过程中，随着时间的推移，经营过程一共出现 4 个类目的 13 种商品，分别是家具类的桌子、床、柜子；家电类的油烟机、平板电视、热水器和空调；服装类的裤子、西装和连衣裙；珠宝类的项链、手链和戒指。商品进入市场后，它的销量和利润都会随着时间的推移而改变，呈现一个由少到多再到少的过程，如同人的生命，由诞生、成长到成熟，最终走向衰老和死亡，这就是商品的生命周期现象。

商品生命周期（Product Life Cycle，PLC）是指商品从进入市场开始，直到最终退出市场为止所经历的市场生命循环过程，也就是商品的市场寿命。电商沙盘系统商品生命周期如表 1-4 所示。所有商品都具有特定的流行趋势，消费者总是对新鲜事物感兴趣，在所有商品的需求模型中，最高点会出现在商品出现的第 2 期，后期市场出现替代品，新的商品也就分流了现有商品对消费者的吸引力，从而导致该商品之后的需求量持续下滑。直到商品退出市场，标志着生命周期的结束。

表 1-4　电商沙盘系统商品生命周期

商品	商品生命周期									
	1-1	1-2	2-1	2-2	3-1	3-2	4-1	4-2	5-1	5-2
桌子										
油烟机										
裤子										
项链										
床										
平板电视										
西装										

商品	商品生命周期									
	1-1	1-2	2-1	2-2	3-1	3-2	4-1	4-2	5-1	5-2
手链					■	■	■	■	■	■
柜子						▨	▨	▨	▨	▨
热水器							■	■	■	■
连衣裙										
戒指								▨	■	■
空调										

电商运营有其特殊性，需要通过打造热销单品来抢占搜索流量入口，在品类开始起量前，就需要加大推广投入，策划相应的营销活动，以便占领销售先机。因此掌握品类热销的节奏就变得尤其重要。

（二）消费者结构分析

电商沙盘系统给出了 4 类消费人群，分别是综合评价人群、注重品牌人群、犹豫不定人群、注重低价人群，其特征如表 1-5 所示，成交顺序为注重品牌人群→注重低价人群→综合评价人群→犹豫不定人群。

表 1-5　4 类消费人群特征

消费者结构	价格浮动区间	进入市场时间	成交关键条件
注重品牌人群	市场预测价的 0～1.2 倍	第 3 轮第 2 期开始	注重品牌人群成交指数
注重低价人群	市场预测价的 0～1.1 倍	商品进入市场开始	商品价格
综合评价人群	市场预测价的 0～1.2 倍	商品进入市场开始	综合评价人群成交指数
犹豫不定人群	市场预测价的 0～1.1 倍	商品进入市场开始	团购价格最低 秒杀价格最低 促销优惠额度最大

（三）市场需求分析

市场需求分析是指估算市场规模的大小及商品的潜在需求量等。估算市场规模即估算市场容量，其目的主要是研究目标类目或商品的整体规模。简单来说，市场规模可以理解为在一定时期内，一个类目或一种商品在某个市场范围内的市场销售额。市场销售额是有时间维度限制的，对电商沙盘系统来说可以是一期、一轮或整个经营周期。

在运营过程中，销售目标的设定尤其重要。销售目标定得过高容易导致销售团队压力过大，还会积压库存、占用资金，导致库存周转变慢；销售目标定得过低会错过市场机会，不利于企业的成长。所以，估算市场容量有助于设定科学的销售目标。

1. 商品需求数量趋势分析

众所周知，知己知彼方能百战不殆，市场预测是企业市场营销活动中不可缺少的环节，其预测结果的准确性对企业经营决策的成败至关重要。因此，经营一家电商企业需要熟悉自身业务能力，了解竞争对手及市场信息。特别是实训对抗之前，要细心研究系统公布的市场预测图，测算未来一定时期内的市场供求趋势，从而为企业的营销决策提供科学的依据。现根据系统给出的各商品数据预测图，制作整个经营周期内 13 种商品需求数量预测表（见表 1-6），了解各商品需求数量的大致走势。

表 1-6　13 种商品需求数量预测表

商品	不同时期的需求数量									
	1-1	1-2	2-1	2-2	3-1	3-2	4-1	4-2	5-1	5-2
桌子	140	158	154	126	74					
油烟机	250	272	258	208	122					
裤子	1400	1406	1343	1211	1011	743	406			
项链	100	134	157	169	169	158	136	102	57	
床		130	163	182	187	178	154	117	66	
平板电视			210	240	250	240	210	160	90	
西装				670	695	688	651	583	483	353
手链				70	106	133	152	163	165	
柜子					80	108	132	153	169	
热水器						230	267	297	322	
连衣裙							750	785	808	
戒指								90	107	
空调									80	

从表 1-6 可以看出，市场上的商品在不断地更新换代，新的商品总会取代旧的商品，而每种商品在它的流行期间都会经历一个凸形的需求模型，从出现到黄金时期，再到被其他商品取代。

2. 商品需求价格趋势分析

根据系统给出的各商品数据预测图，制作整个经营周期内 13 种商品需求价格预测表（见表 1-7），了解各商品需求价格的大致走势。

表 1-7　13 种商品需求价格预测表

商品	不同时期的需求价格									
	1-1	1-2	2-1	2-2	3-1	3-2	4-1	4-2	5-1	5-2
桌子	56.00	54.88	53.76	52.64	51.52					
油烟机	32.00	29.44	27.20	24.96	23.04					
裤子	8.00	7.68	7.36	7.04	6.80	6.56	6.24			
项链	80.00	79.20	78.40	77.60	76.80	76.00	75.20	74.40	73.60	
床		40.00	36.80	34.00	31.20	28.80	26.40	24.40	22.40	
平板电视		24.00	21.60	19.44	17.52	15.84	14.16	12.72		
西装			16.00	15.36	14.72	14.08	13.60	13.12	12.48	
手链			72.00	68.40	64.80	61.92	58.32	55.44		
柜子				60.00	55.20	51.00	46.80	43.20		
热水器					20.00	18.00	16.20	14.60		
连衣裙						12.00	11.52	11.04		
戒指							52.00	49.40		
空调								36.00		

（四）市场供给分析

市场供给是指在一定时期内、一定条件下、一定市场范围内可提供给客户的某种商品或劳务的总量。市场供给可以分为实际的供给量和潜在的供给量。实际的供给量是指在预测时市场的实际供给能力，潜在的供给量是指在预测期（商品生命周期内）可能增加的供给能力。实际的供给量和潜在的供给量之和近似为市场总供给量。

电商沙盘系统中的市场供给指的是系统实际的供给量。它的大小和市场需求量有关，系统初始设置中市场供求比例为 1.5∶1，也就是说，每个经营期每种商品的市场供给量是需求量的 1.5 倍。具体来说，在电商沙盘系统采购投标环节的市场供应信息中，商品的市场供应量是该商品市场预测图中相应数值的 1.5 倍并向下取整。

例如，在某次经营中，第 2 轮第 1 期裤子的市场需求数量预测值通过查表 1-6（也可在电商沙盘系统"经营分析"模块下的"市场预测图"页面查询）可得 1343，那么该期裤子的市场供给数量为 1343×1.5 的结果 2014.5 向下取整，得出 2014。

各期各种商品市场总供给数量预测值如图 1-4 所示。

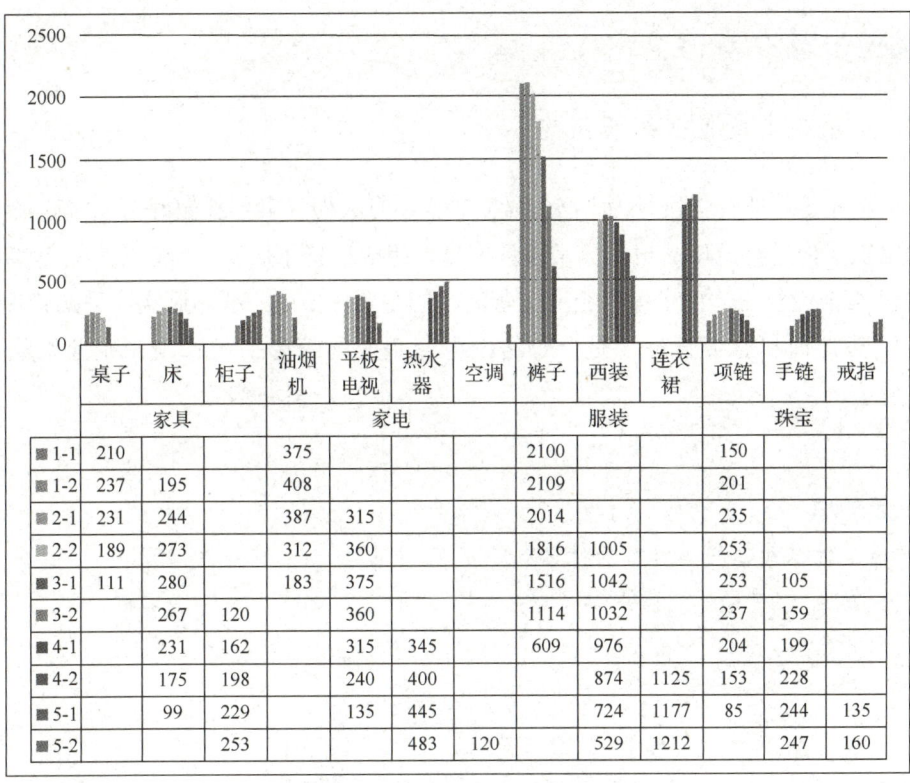

图 1-4　各期各种商品市场总供给数量预测值

| | 家具 | | | 家电 | | | | 服装 | | | 珠宝 | | |
	桌子	床	柜子	油烟机	平板电视	热水器	空调	裤子	西装	连衣裙	项链	手链	戒指
1-1	210			375				2100			150		
1-2	237	195		408				2109			201		
2-1	231	244		387	315			2014			235		
2-2	189	273		312	360			1816	1005		253		
3-1	111	280		183	375			1516	1042		253	105	
3-2		267	120		360			1114	1032		237	159	
4-1		231	162		315	345		609	976		204	199	
4-2		175	198		240	400			874	1125	153	228	
5-1		99	229		135	445			724	1177	85	244	135
5-2			253			483	120		529	1212		247	160

图 1-4 原图

任务二　组建团队

📝 任务目标

1. 掌握虚拟电商企业重要岗位的职责。
2. 结合岗位职责及个人特长选择适合的岗位。
3. 组建网店经营管理团队，建立协调沟通机制。
4. 具备团队协作能力和爱岗敬业的职业精神。

📖 任务分析

　　为了顺利实现网店既定销售计划及任务，有必要建立一个完整的、富有卓越销售能力和工作效率的经营管理团队，以使整个网店正常运作，进而保证销售计划和销售目标的顺利实现。

一、岗位设置

（一）虚拟电商企业组织架构

一个企业要保证有强执行力，必须做到"事事有人做，事事都做好"。电商沙盘系统将企业的组织架构进行简化，根据日常事务安排，相应设置了店长、推广专员、运营主管、财务主管 4 个岗位，体现了电商企业运营活动的主要环节——战略制定、采购管理、营销推广、运营管理和财务管理，是一个传统电商企业的缩影。虚拟电商企业组织架构如图 1-5 所示。

 想一想

你适合什么岗位的工作？为什么？

图 1-5　虚拟电商企业组织架构

（二）虚拟电商企业重要岗位的职责

1. 店长的职责

店长是企业的总负责人，是整个团队的领导者和带头人，主要职责如下。

（1）对企业的一切重大经营运作事项进行决策，包括企业定位、经营策略、财务、业务范围、推广策略等。

（2）制定发展战略，分析竞争格局，确定经营指标，制定业务策略。

（3）主持企业的日常业务活动，负责企业运营。

（4）进行全面预算管理，合理分配资金，负责制订项目的投融资计划及审核财务状况。

（5）管理团队，分析企业绩效，定期报告运营情况，提交期报告、轮报告，分析企业盈利（亏损）状况。

议一议

作为新任管理层，你将如何经营该企业？

2. 推广专员的职责

只有扩大销售并及时收回货款才能使企业实现盈利，赢得生存和发展的机会。也就是说，实现营业收入是企业生存和发展的关键。推广专员的主要职责如下。

（1）进行市场调查分析，及时掌握市场商品供应变化，对相关信息资料进行收集、整理与归纳，编制采购计划。

（2）参与制定企业营销战略，并据此制定企业商品营销组合策略和计划，经批准后组织实施。

（3）合理制订引流计划，选择 SEO 关键词，制定 SEM 推广策略。

（4）合理制定促销策略，投放媒体广告。

（5）定期对市场营销环境、目标、计划、业务活动进行核查分析，及时调整营销组合策略和计划，制定预防和纠正措施，确保企业已生产商品能够获得匹配的客户订单，完成营销目标和计划。在稳定企业现有商品销售的情况下，积极拓展商品销售渠道。

（6）督促运营部门按时交货，监督货款的回收，分析销售绩效。

在人员充足的前提下，可以为推广专员增加一个助手，主要负责市场调研工作，掌握其他企业的经营信息，以帮助领导进行决策。在模拟经营过程中，每个企业都可以有意识地安排一名人员监控竞争对手的情况，明确竞争对手的动向。该人员应学会如何获取竞争对手的信息，并将信息加工、整理后反馈给推广专员或店长，从而为企业战略、战术发展提供参考依据。通过助手岗位模拟，使学生认识到社会竞争中可能存在商业间谍，要学会防范。

议一议

推广专员的助手该如何工作？

3．运营主管的职责

运营主管的主要职责如下。

（1）分发订单，将订单整理、分类后，根据到达城市，选择适当的配送中心。

（2）选择物流，对已经指定配送中心的订单进行整理、分类，选择适当的物流方式，注意物流费用折扣问题。

（3）货物出库，根据订单的到货期限，合理安排商品出库；如果当前配送中心库存不足，则进行库存调拨作业。

（4）在订单要求的到货期限前到达的订单，代替买家签收货物，签收后货款直接到账。

（5）库存管理，期末或轮末及时清查库存，及时向推广专员反馈货物库存情况，特别是预售货物的数量。

（6）对尚未到达买家的订单进行跟踪，把相关数据反馈给财务主管。

4．财务主管的职责

如果说资金是企业的"血液"，那么财务部门就是企业的"心脏"。财务主管的主要职责如下。

（1）在店长的领导下处理企业核算、监督、财务管理工作，负责对企业的销售经营、资金运行情况进行核算。

（2）制定和管理税收政策方案及程序。

（3）组织企业相关部门开展经济活动分析，组织编制企业财务计划、成本计划，支付各项费用，努力增收节支、提高效益，做好现金预算，管好、用好资金。

（4）建立健全企业内部核算的组织、指导和数据管理体系，以及和财务管理相关的规章制度，监督企业遵守董事会决议。

 议一议

财务主管除了记账、盘面操作，还有没有更重要的工作？

二、组织团队成员

没有完美的个人，但是可以有完美的团队。每个人都有不同的天赋特质，团队管理者只有了解团队成员的个性特征和行为方式，才能将正确的人放到正确的位置做正确的事，挖掘每个人的潜能，从而有效地提升员工绩效。同时，团队成员之间通过了解彼此的性格和行为特征，也可以认识彼此的差异、有效沟通、避免或化解冲突，在互信和互动的基础上团结协作、优势互补，使团队发挥出"1+1+1+1>4"的整体力量，形成高效团队。

（一）招兵买马（组建经营管理团队）

通过学生自荐或教师推荐，有意向当店长的学生上台发表竞选店长演讲，全班学生投票推选出 10 位店长。然后各位店长通过宣讲自己的经营思路或经营理念，招兵买马，组建各自的虚拟电子商务公司。一般将一个教学班级的成员分为 10 组，每组一般为 4 人，这样教学现场就组成了10 个互相竞争的虚拟企业。每个团队在企业经营开始之前应确定自己企业的名称，并用一句话概括企业宗旨和经营理念。

在组建经营管理团队时主要应该注意以下几个方面。

（1）能力互补。团队成员是紧密合作的关系，要信息共享，强调集体绩效。团队成员之间可以通过性别、性格、成绩和行为方式等进行互补。

（2）责任明确。团队既强调个人责任，也强调集体责任。团队有总体目标，也有明确的分工，每个团队成员并非只是简单地完成自己的本职工作，还需要承担集体责任。

（3）目标清晰。团队应该有清晰的目标，这个目标就是团队存在的理由。每个团队成员都需要对这个团队目标做出承诺。

（4）相互信任。每个团队成员应开诚布公地说出自己的感受，用语言和行动来支持自己的团队，在经营中体现公平，既为自己也为别人的利益工作，表现出自己的才能。

（二）角色分工与岗位认知

团队是一个集体，只有分工明确、讲求效率，才能在处理事务时达到预期效果。团队成立后，由店长发表就职演说。小组内部自行讨论，根据每个人的特点，确定个人扮演的角色及其承担的任务，并按照要求进入各个部门。每个角色对自己的岗位职责建立清晰的认知后，根据工作分工和工作现场进行位置调整。

店长要有一定的领导能力，富有主见，善于团结，对团队工作全面负责，能够公平、公正地对待团队中的每个成员。

推广专员要头脑灵活，反应机敏，善于观察，判断力强。

运营主管要态度认真，勤于动手，做事有条理，善于思考。

财务主管要认真仔细，肯吃苦，工作有条理，积极负责。

玩一玩

如何做决策

决策是企业管理中的一项重要活动，是管理的核心。管理功能实质上是决策方案实施过程的体现。因此，决策贯穿于管理过程的始终，也是组织中各级、各类管理人员的主要工作，只是决策的重要程度或影响范围不同。决策具有目标性、选择性、满意性、过程性、动态性、可行性的特点。当某人拿到一个项目时，他需要根据决策的特点，确定项目的目标，然后做出让企业满意、可执行、有多重选择的决策。

在棋界有句话："一着不慎，满盘皆输；一着占先，全盘皆活。"这句话喻示了一个道理，即无论做什么事情，成功与失败都首先取决于决策的正确与否。科学的经营决策能使企业充满活力、兴旺发达，而错误的经营决策会使企业陷入被动、濒临险境。

下面针对如何制定决策这一话题，一起来做个游戏：决策模拟——合同执行决策。

甲乙双方经多次谈判达成了一个一揽子交易合同，合同分 6 笔交易。在实施合同的过程中，双方遵循以下市场规则（以出红黑牌为例，红牌为守约，黑牌为欺诈）。

- 规则 1：6 笔交易要一笔一笔地做，做完一笔再做下一笔。
- 规则 2：每次交易双方要同时出牌。若双方均为红牌，则各得 20 万元；若双方均为黑牌，则各亏 30 万元；若一方为红牌、另一方为黑牌，则红方亏 50 万元，黑方得 50 万元。其中，第 3 轮和第 6 轮损益值要加倍。
- 决策目标：为股东赢得最大的利润。
- 游戏目标：在模拟比赛中胜出，即获得盈利最多的小组胜出。
- 模拟练习方式：每组 4~5 人模拟董事会；
　　　　　　　　每项决策由董事会成员集体表决做出；
　　　　　　　　由各小组自由选择交易对象，结对儿进行模拟。
- 模拟练习时间：决策 10 分钟，组内总结 5 分钟。

● 决策练习步骤：组建决策模拟小组；各自画好表格（见表1-8），以便记录交易过程和结果；交易双方各自写下决策思维过程；在第三方的协助和公证下进行交易，并可委托第三方记录每笔交易结果；整个交易结束后，双方先各自总结经验教训，然后全班同学集中进行交流。

表1-8　决策模拟记录表

交易双方	第1轮	第2轮	第3轮（加倍）	第4轮	第5轮	第6轮（加倍）
甲方	决策：	决策：	决策：	决策：	决策：	决策：
	损益：	损益：	损益：	损益：	损益：	损益：
乙方	决策：	决策：	决策：	决策：	决策：	决策：
	损益：	损益：	损益：	损益：	损益：	损益：

甲方得分：　　　　　　　　　　　　　　　　　　　　　　　乙方得分：

总结交流：从决策过程、经验教训和启示3个方面展开。

练一练

现在你们是一个团队，有了自己的网店。请你们发挥奇思妙想，为自己的网店起个名字，设计一个响亮的创业口号，先声夺人，并把创意记录在表1-9中。

表1-9　创立网店

网店名称			组别	
创业口号				
团队分工	职务	姓名	主要职责	
主要成员	店长			
	推广专员			
	运营主管			
	财务主管			

团队将带领企业在变化的市场中进行开拓，应对激烈的竞争。企业能否顺利经营下去取决于团队是否有正确决策的能力。每个团队成员都应尽可能利用自己的知识和经验做出决策，不要因错误行动而陷入混乱。

经过几次完整的模拟操作后，团队成员之间有了更深刻的了解，这时可以根据成员特点调整岗位，力求每个人都能各展所长，各尽其才；成员也可以按年更换岗位，体验不同的工作，以提高个人对不同岗位的认知，进行个人职业定位。

思考与探究

模块内容：	学号：	姓名：	班级：	年　月　日

1. 通过对本模块的学习，你学到了什么？

2. 你准备如何参与电商沙盘模拟经营活动？

3. 你认为每个角色在行使其职能时，应如何避免工作的盲目性？

4. "利润最大化"是企业经营的唯一标准。你认同这种观点吗？为什么？

5. 教师的授课方法对你的学习是否有帮助？

6. 你需要进一步了解或得到解答的问题是什么？

7. 为了更好地教与学，你有何建议？

项目二

网店开设

项目导学

思路决定出路，格局决定结局。

企业为什么需要战略？根本原因是资源有限。

战略没有好坏，只有适合与不适合，适合自己的战略就是最好的战略。

任务一　选址建仓

任务目标

1. 能够结合网店定位，制订办公场所选址和人员招聘计划。
2. 能够根据市场需求特点和销售计划，确定选址建仓策略。
3. 树立脚踏实地、敢想敢干、诚信经营和创新发展的价值观。

任务分析

随着互联网的发展，在网上开店早已不是什么新鲜事，但是要想让网店长久运营下去，网店开设是非常重要的一个环节。网店开设首先要做的就是确定办公场所和设立配送中心等工作。

一、办公场所设立

前已述及，虚拟电商企业共设置店长、推广专员、运营主管和财务主管 4 个角色，如图 2-1 所示。团队以店长的身份进入系统，修改密码，然后就可以准备创立一家网店了。

图 2-1　网店运营角色

每个团队即将创建一家拥有 500 现金资产的网店，主要从事 C 店（类似于淘宝店）在线销售，将来会筹建新的店铺即 B 店（类似于天猫店）。因为是新开设的店铺，所以网店的各项指标如企业信誉度、人气、媒体影响力、视觉值等都为 0。

设立办公场所是网店运营的第一步，电商沙盘系统规定开店需要先设立办公场所。办公场所设立包括选择建设城市、选择办公场所类型和招贤纳士 3 部分。需要注意的是，每个网店只能设立一个办公场所。

（一）选择建设城市

运营主管根据不同城市的影响力、租金差、工资差等信息选择合适的建设城市。目前，系统只开放哈尔滨、沈阳、北京、石家庄、太原、银川、拉萨、重庆、贵阳、上海、南京、杭州、长沙、广州和海口 15 个城市。当然，教师可根据实际课程设置需要，在教师端开放更多的城市。城市影响力关系到综合评价指数的计算。

建设城市选择过程中需要考虑以下因素。

（1）每期办公室租金=租赁价格×（1+租金差）。

备注：租金差是指不同城市之间的租金差别百分比。

（2）每期人员工资=基本工资×（1+工资差）×（1+工资增长率）。

备注：工资差是指不同城市之间的工资差别百分比，初级员工工资增长率为 10%，其他员工均无工资增长率。

表 2-1 列出了期初系统默认开放城市及其相关参数。

表 2-1　期初系统默认开放城市及其相关参数

区域	城市	租金差	工资差	城市影响力	是否支持邮寄
东北	哈尔滨	30%	10%	3	不限制
	沈阳	20%	20%	2	不限制
华北	北京	60%	30%	6	不限制
	石家庄	20%	20%	2	不限制
	太原	20%	10%	2	不限制
华东	上海	60%	40%	6	不限制
	南京	50%	30%	4	不限制
	杭州	60%	40%	7	不限制
华南	广州	40%	40%	4	不限制
	海口	0	20%	1	不限制
华中	长沙	20%	20%	2	不限制
西北	银川	0	0	1	不限制
西南	拉萨	0	0	1	不限制
	重庆	20%	20%	3	不限制
	贵阳	20%	10%	2	不限制

选择建设城市的操作步骤如下。

步骤 1：单击系统窗口左侧的"工作流程"|"办公场所设立"项，打开"办公场所设立"页面。

步骤 2：选择建设城市，被选中的城市名颜色变为红色。本次示例经营选择银川。

步骤 3：单击"下一步"按钮，进入"选择办公场所类型"页面。如果此时需要修改建设城市，可以单击"上一步"按钮，返回"选择建设城市"页面进行修改。

（二）选择办公场所类型

运营主管根据办公场所的容纳人数、租赁价格、维修费用等信息选择合适的办公场所。

办公场所分为两类，一类是普通办公室，另一类是豪华办公室，相关参数如图 2-2 所示。

图 2-2　办公场所类型及其相关参数

运营主管可以根据经营需求改变办公场所类型（改建），将普通办公室改建为豪华办公室需要支付租金差，将豪华办公室改建为普通办公室不退还租金差；也可以将办公室在不同城市之间进行搬迁，搬迁时需要支付搬迁费用，不同办公室搬迁费用不同，搬迁至租金高的城市需补充相应差价，搬迁至租金低的城市不退还差价。

选择办公场所类型的操作步骤如下。

步骤 1：选择办公场所类型，被选中的办公场所类型背景色变为灰色，如图 2-3 所示。本次示例经营选择"普通办公室"。

图 2-3　选择办公场所类型

步骤 2：单击"下一步"按钮，进入"招贤纳士"页面。如果此时需要修改办公场所类型，可以单击"上一步"按钮，返回"选择办公场所类型"页面进行修改。

练一练

某企业的建设城市选择银川，办公场所类型选择普通型。请问该企业需要支付多少租赁费和维修费？

（三）招贤纳士

确定好建设城市和办公场所类型后，店长需要根据网店的经营策略招聘一定数量和职称的员工。选择员工主要考虑 3 个方面，即员工的基本工资、工资增长率、业务能力。员工的业务能力和职称挂钩，职称分为初级经理、中级经理和高级经理。员工的业务能力关系到企业综合评价指数的计算；员工的经验值亦关系到企业综合评价指数的计算，员工的经验值每期加 1。

员工具体参数如表 2-2 所示。

表 2-2　员工具体参数

类别	基本工资	工资增长率	业务能力
初级经理	7	10%	2
中级经理	15	/	6
高级经理	22	/	10
配送员	7	/	0
仓库管理员	6	/	0

招贤纳士的操作步骤如下。

步骤 1：选择需要招聘的员工（在要选择的员工前面的复选框内打"√"），被选中的员工背景色变为黄色，如图 2-4 所示。本次示例经营选择 1 个高级经理。

图 2-4　选择员工

步骤 2：如果单击"完成"按钮，系统提示"您确定要建立办公场所吗？"。如果单击"确定"按钮，系统提示"办公场所建立完成！支付租赁费：96；支付建筑维修费：4"，如图 2-5 所示。如果单击"取消"按钮，则可以重复以上步骤进行修改。

图 2-5　办公场所建立扣费提示

步骤 3：单击"确定"按钮，完成办公场所设立操作。系统将自动从网店现金账户中扣除如图 2-5 所示的租赁费和建筑维修费。如果网店的现金余额不足，则需要卖家去融资，还不足的话，网店将破产。

根据网店经营需求，卖家如果需要对已经筹建完成的办公场所进行调整，可以通过改建、再次招贤纳士和搬迁操作来完成，如图 2-6 所示。

图 2-6　办公场所调整

 练一练

①　某企业的建设城市选择杭州，办公场所类型选择普通型，招聘了 1 个初级经理、1 个中级经理、1 个高级经理。请问该企业第 1 期结束需要支付多少工资？

②　某企业第 1 轮第 1 期的建设城市为银川，办公场所类型为普通型，招聘了 1 个初级经理、1 个中级经理、1 个高级经理。由于企业扩张需要，办公城市需要搬迁到杭州，办公场所类型需要改建成豪华型。请问该企业还需要支付多少改建费、搬迁费、建筑维修费及员工工资？

二、配送中心设立

配送中心是指从事货物配备（集货、加工、分货、拣选、配货）和送货作业的现代流通设施。配送中心设立的位置与数量需要考虑消费人群所在地、物流成本。为提升消费者体验、降低成本、提高物流速度，网店可采用分仓服务模式，多个仓库就近配送。与建设城市一样，目前，系统只开放哈尔滨、沈阳、北京、石家庄、太原、银川、拉萨、重庆、贵阳、上海、南京、杭州、长沙、广州和海口15个城市。当然，教师可根据实际课程设置需要，在教师端开放更多的城市。

运营主管可根据市场需求及不同城市的租金差、物流费用、工资差、是否支持邮寄等信息选择合适的城市设立配送中心，并设置配送区域。根据经营需求可以改变配送中心类型（改建），也可以将配送中心在不同城市之间搬迁，还可以租赁两个或两个以上配送中心或者退租。需要注意的是，每个城市只能设立一个配送中心。

每期配送中心租金=租赁价格×（1+租金差）

设立配送中心包括租赁、改建、搬迁、退租、设配区5个功能模块。

（1）租赁：在约定期限内，出租人将资产使用权让与承租人以获取租金的行为。电商沙盘系统中，约定期限为一期，即每期支付一次租金，网店租赁的只是配送中心的使用权，配送中心不属于网店的资产。网店可根据体积、租赁价格、维修费用、管理费用及搬迁费用租赁合适的配送中心。

租赁的操作步骤如下。

步骤1：单击系统窗口左侧的"工作流程"|"配送中心设立"项，打开"配送中心设立"页面，如图2-7所示。

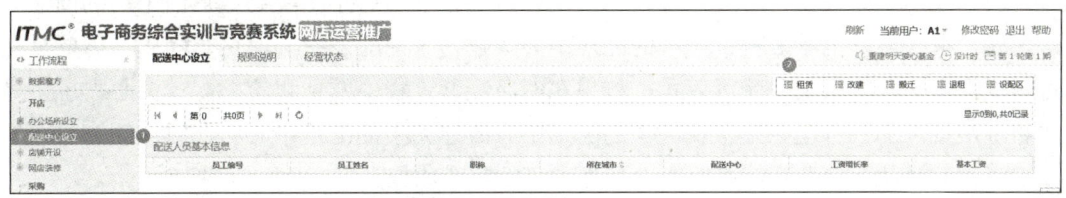

图2-7　配送中心设立

步骤2：单击"租赁"按钮，进入"选择建设城市"页面，选择配送中心城市，被选中的城市名颜色变为红色。本次示例经营选择沈阳。

步骤3：单击"下一步"按钮，进入"选择配送中心类型"页面。

步骤4：选择需要的配送中心类型，被选中的配送中心背景色变为灰色。单击"完成"按钮，系统提示"您确定要租赁吗？"，如图2-8所示（以租赁超级小型配送中心为例）。

图 2-8　配送中心租赁

如果单击"确定"按钮，系统提示"配送中心租赁完成！支付租赁费：115；支付建筑维修费：12"，如图 2-9 所示。如果单击"取消"按钮，则可以重复以上步骤进行修改。

图 2-9　配送中心租赁扣费提示

（2）改建：如果在网店经营过程中发现租赁的配送中心小了，导致后面采购的商品无法入库，那么可以把原来租赁的小的配送中心改建为大的配送中心，这时网店只需要再支付两类配送中心的租金差就可以了；如果在网店经营过程中发现租赁的配送中心大了，导致租金浪费，那么可把原来租赁的大的配送中心改建为小的配送中心，此时当期的租金差不退还，但是从下一期开始按照小的配送中心的租金收取。

运营主管可根据经营需求进行配送中心改建。

改建的操作步骤如下。

步骤 1：单击系统窗口左侧的"工作流程"|"配送中心设立"项，打开"配送中心设立"页面。

步骤 2：选择需要调整的配送中心，被选中的配送中心背景色变为灰色。单击"改建"按钮，如图 2-10 所示，进入"配送中心改建"页面。

图 2-10　配送中心改建

步骤 3：选择需要改建的配送中心类型，被选中的配送中心背景色变为灰色。单击"确定"按钮，系统提示"您确定要改建吗？"。如果单击"确定"按钮，系统提示支付租赁费和建筑维修费。如果单击"取消"按钮，则可以重复以上步骤进行修改，如图 2-11 所示。

步骤 4：单击"确定"按钮，完成配送中心改建。系统将自动从网店现金账户中扣除相应的租赁费和建筑维修费。如果网店的现金余额不足，则系统提示"现金不足，无法进行改建！"，此时需要卖家去融资，还不足的话，网店将破产。因此，卖家最好先确认网店现金余额是否充足。

图 2-11　选择需要改建的配送中心类型

✏️ 练一练

某企业第 1 轮第 1 期配送中心城市选择沈阳。由于企业扩张需要，配送中心需要从小型改建成大型。请问该企业还需要支付多少改建费及员工工资？

（3）搬迁：配送中心从一个城市搬到另一个城市。运营主管根据经营需求可以改变配送中心所在的城市；搬迁需要支付一定的搬迁费用，若搬迁至租金高的城市则需补充相应差价，若搬迁至租金低的城市则不退还差价，搬迁时仓库必须空置。

搬迁的操作步骤如下。

步骤 1：单击系统窗口左侧的"工作流程"|"配送中心设立"项，打开"配送中心设立"页面。

步骤 2：选择需要搬迁的配送中心，被选中的配送中心背景色变为灰色。单击"搬迁"按钮，系统提示"您确定要搬迁吗？搬迁将收取搬迁费用！"，如图 2-12 所示。如果单击"确定"按钮，进入"配送中心设立"页面，选择配送中心城市（以搬迁到石家庄为例），系统提示"搬迁配送中心成功！支付搬迁费用：36"。如果单击"取消"按钮，则可以重复以上步骤进行修改。

图 2-12　配送中心搬迁

步骤 3：单击"确定"按钮，完成配送中心搬迁。系统将自动从网店现金账户中扣除相应的搬迁费用。如果网店的现金余额不足，则系统提示"现金不足，无法进行搬迁！"，此时需要卖家去融资，还不足的话，网店将破产。

（4）退租：把已经租赁的但空闲的配送中心退掉。如果不选择退租，不管配送中心是否闲置，系统都会默认为续租。退租时，仓库必须空置，若在期中退租，则需支付整期租金。

退租的操作步骤如下。

步骤 1：单击系统窗口左侧的"工作流程"|"配送中心设立"项，打开"配送中心设立"页面。

步骤 2：选择需要调整的配送中心，被选中的配送中心背景色变为灰色。单击"退租"按钮，系统提示"您确定要退租选择的配送中心吗？"。如果单击"确定"按钮，系统提示"配送中心退租成功！"，如图 2-13 所示。如果单击"取消"按钮，则可以重复以上步骤进行修改。

图 2-13　配送中心退租

步骤 3：单击"确定"按钮，完成配送中心退租操作。如果网店只有一个配送中心则不能退租。

（5）设配区：配送中心建好后，要设定该配送中心负责配送的城市，否则系统默认为空，即该配送中心只负责商品入库，无法向任何城市配送货物，所以设配区这一步一定要做。如果在设置配送中心时忘了设配区，也可以随时回到相应页面进行设置。

运营主管需要为每个配送中心设置默认的配送区域及物流公司。若多个配送中心选择的默认配送区域里包含若干相同的城市，则在这些城市中按照租赁配送中心的先后顺序选择默认的配送中心。

设配区的操作步骤如下。

步骤 1：单击系统窗口左侧的"工作流程"|"配送中心设立"项，打开"配送中心设立"页面。

步骤 2：选择需要调整的配送中心，被选中的配送中心背景色变为灰色。单击"设配区"按钮，进入"设置配送区域"页面。

步骤 3：选择配送中心、配送区域和物流公司，单击"设置"按钮，完成配送区域设置，如图 2-14 所示。

图 2-14　设置配送区域

任务二　创立网店

任务目标

1. 能够根据网店运营规划进行 C 店和 B 店开设。
2. 能够根据网店运营规划选择合适的店铺装修类型。
3. 具备创新思维和敢闯会创的创业精神。

任务分析

作为网店管理者，必须以长远的眼光制定合理的店铺开设方案。是只开 C 店，还是 C 店和 B 店两个店铺一起开，什么时候开设 B 店，以及网店装修程度如何等都是网店管理者需要解决的问题。

一、店铺开设

电商沙盘系统模拟的是电子商务企业的运营，运营是离不开店铺的。根据对现实情况的分析，系统把店铺分成两类，即 C 店（个人店铺、集市店铺）和 B 店（商城店铺）。其中，开设 C 店无须资金，开设 B 店需要一定的资金、周期和时间。运营主管应根据网店的经营需求开设 C 店或开设（筹建）B 店。

开设 C 店：因为电商沙盘系统主要用于对网店的运营进行练习，因此对 C 店的开设步骤进行了简化，只需要添加 C 店名称、经营宗旨及描述 3 部分的内容，并进行简单设置即可。C 店不可以进行站外媒体推广。

 知识拓展

由于多数淘宝店是以个人身份注册的，故人们常常把淘宝网称为 C2C 平台，把淘宝店称为 C 店。2016 年，淘宝推出了"淘宝企业店"，鼓励个人卖家将网店升级为捆绑企业身份的网店。按照 2019 年 1 月 1 日起施行的《中华人民共和国电子商务法》，月经营额度超过 3 万元的网店需要提供对应的企业营业执照等。所以用 C2C 来标注淘宝网店就显得不太合适了。但是，由于习惯和网店定位问题，许多人还是喜欢把淘宝店称为 C 店。

开设（筹建）B 店：因为电商沙盘系统主要用于对网店的运营进行练习，因此对 B 店的开设步骤也进行了简化。B 店可以进行站外媒体推广，从而获得注重品牌人群订单。运营主管在经营过程中可以根据经营需求选择开设或关闭店铺。

知识拓展

　　和免费入驻淘宝店不同，入驻天猫平台会收取一定的费用，同时也会获得阿里巴巴更多的流量支持。目前，在淘宝网进行商品搜索的时候，会有很大的比例返回天猫商城的商品。由于所有天猫平台中的网店都是以企业身份入驻的，因此人们习惯把天猫店称为 B 店。

　　电商沙盘系统的 B 店开设需要 4 期的筹备周期，最快在第 2 轮第 2 期筹建完成。但是注重品牌人群的购买需求出现在第 3 轮第 2 期，所以在 B 店的筹建上，经营者可以根据网店现金流状况合理安排进度。等到注重品牌人群需求出现后，市场竞争的焦点很可能在综合评价人群和注重品牌人群上，为此需要 B 店和 C 店协同发展。如果只把经营的重点放在 C 店，将会失去 B 店的注重品牌人群订单，既不利于差异化竞争，也等同于放任竞争对手发展，将自身置于危险之中。综上所述，可以采取以下几种策略：一是在 C 店有优势的情况下，可扶持 B 店的发展；二是 C 店和 B 店采用不同的运营策略，差异化发展，在消费人群组合、商品定价上相互配合，避免自己的 C 店和 B 店自相竞争；三是 C 店和 B 店采用不同的引流策略，根据运营绩效和竞争态势，在 SEM 和 SEO 上各有侧重，将淘词和选词相互配合。

　　开设 C 店的操作步骤如下。

　　步骤 1：单击系统窗口左侧的"工作流程"|"店铺开设"项，打开"店铺开设"页面。

　　步骤 2：单击"开设 C 店"按钮，进入"开设 C 店"页面。

　　步骤 3：填写 C 店名称、经营宗旨及描述（也可以不填），单击"开设 C 店"按钮，完成 C 店开设，如图 2-15 所示。

图 2-15　开设 C 店

开设 B 店的操作步骤如下。

　　步骤 1：单击系统窗口左侧的"工作流程"|"店铺开设"项，打开"店铺开设"页面。

　　步骤 2：单击"开设 B 店"按钮，进入"开设 B 店"页面，如图 2-16 所示。

图 2-16　开设 B 店

步骤 3：单击"筹建"按钮，交易软件研发进度前进一格，系统将已经筹建的周期用红色表示，未筹建的周期则用绿色表示。经过 4 个筹建周期后，B 店可投入市场运营。

二、网店装修

网店装修是指对店铺的招牌、自定义模块、自定义页面，以及商品分类、宝贝详情页等内容进行美化装饰的过程。电商沙盘系统对网店装修的过程进行了简化，企业只需要花费一定的金钱就可以进行网店装修。网店装修分为简装修、普通装修及精装修，每种装修的费用及获得的视觉值不同；店铺的视觉值每期都会下降 10。

根据经营需求，若需提升店铺的视觉值可以对店铺进行适当装修。视觉值的高低主要影响综合评价人群成交。店长可以根据经营需求为 C 店、B 店选择装修模板。

网店装修是网店每期均需完成的工作。

网店装修的操作步骤如下。

步骤 1：单击系统窗口左侧的"工作流程"|"网店装修"项，打开"网店装修"页面。

步骤 2：选择需要装修的网店，被选中的网店背景色变为灰色。单击"网店装修"按钮，打开"网店装修模板"页面，如图 2-17 所示。

图 2-17　选择网店装修模板

步骤3：选择需要的网店装修模板，被选中的网店装修模板背景色变为灰色。单击"开始装修"按钮，系统提示"您确定要装修吗？"。如果单击"确定"按钮，系统提示"装修完成！"。如果单击"取消"按钮，则可以重复以上步骤进行修改。单击"确定"按钮，完成网店装修。系统将自动从网店现金账户中扣除相应的装修费用。如果网店的现金余额不足，则需要卖家去融资，还不足的话，网店将破产。

任务三　商品采购

任务目标

1. 理解采购投标的含义。
2. 能够根据网店运营需要合理制定采购投标方案。
3. 能够将采购的商品入库，根据实际情况进行仓库扩建等操作。
4. 具备信息收集、分析能力。

任务分析

商品是网店的基石，是一个店铺内功修炼的重中之重。网店选品既要考虑商品的市场需求，又要考虑商品本身的成长空间、竞争情况及利润价值。网店在选品之后要做的就是制定采购投标方案，完成采购投标和商品入库操作。

一、采购投标

电商沙盘系统中的采购投标是指网店根据数据魔方的市场需求数据，选择合适类目的商品进行经营，根据供应商提供的商品、促销方式、数量、单位体积、最低价格等制定采购投标方案，通过公开竞标的方式获得该种商品的过程。

（一）采购中标规则

采购中标规则包括：系统自动评判中标店铺；采购竞标时，同一种商品按照出价的高低依次进行交易。如果竞标价格相同，则与供应商的关系值高的优先成交；如果竞标价格相同，与供应商的关系值也相同，则媒体影响力高的优先成交；之后按照社会慈善高低、销售额高低、投标提交的先后顺序等来依次进行判断。

供应信息包括公司、商品、促销方式、数量、单位体积、最低价格（/件）。

公司是指供应商的公司名称。

商品是指该供应商提供的商品种类。

促销方式是指同一种商品一次性采购数量和企业信誉度都达到供应商的促销方式要求时，可以享受的价格和账期上的优惠。如图 2-18 所示，项链的促销方式如下：数量大于 160、信誉度大于 150、享受账期 0、享受折扣 0.85。当一次性购买项链的数量大于 160 且信誉度大于 150 时，可以按照采购价格的 85%进行采购。享受账期为 0，表示只能用现金采购，不能赊账，即在沙盘运营中是不会产生应付账款的。因此，制定采购投标方案时，可以结合供应商的促销方式进行。

	供应信息					
	公司 ⇕	商品	促销方式	数量	单位体积	最低价格 (/件)
1	黄金电子城	油烟机	数量大于:50 信誉度大于:50 享受账期:0 享受折扣:0.95	375	5	8.00
2	时尚服装厂	裤子	数量大于:100 信誉度大于:100 享受账期:0 享受折扣:0.90	2100	3	2.00
3	中意家具城	桌子	数量大于:70 信誉度大于:60 享受账期:0 享受折扣:0.90	210	10	14.00
4	周大福珠宝商	项链	数量大于:160 信誉度大于:150 享受账期:0 享受折扣:0.85	150	2	20.00

图 2-18　某次网赛第 1 轮第 1 期市场供应信息

数量是指一次性采购同一种商品的多少。

单位体积是指每件商品所占的空间。

最低价格（/件）是指供应商所能接受的商品的最低采购价格，如果买家的出价低于该价格，那么即使供应商有库存也不会成交。

备注：信誉度=1×履约订单数-$\sum[i=0,n]$（n 为违约订单数）。

（二）制定采购投标方案

网店的经营都是从采购开始的。电商沙盘系统中的网店需要先采购商品，再销售商品，赚取差价。在制定采购投标方案时，需要确定合适的采购城市，中标后的商品必须存入该城市的配送中心。如果存入其他城市的配送中心，则需要先存入该城市的配送中心再进行调拨。

采购投标是网店每期均需完成的工作。

采购投标的操作步骤如下。

1. 添加采购信息

步骤 1：单击系统窗口左侧的"工作流程"|"采购投标"项，打开"采购投标方案制定"）页面。

步骤 2：单击"添加"按钮，进入"采购信息"页面，如图 2-19 所示。选择采购城市和采购商品，输入采购数量和单价信息，同时仔细核对，切勿将采购数量和单价信息输反。

步骤3：单击"保存"按钮，系统提示"添加成功！"。单击"确定"按钮，完成采购信息添加操作。

如果还需要进行商品采购，可重复执行步骤2和步骤3。

图2-19　添加采购信息

2. 修改采购信息

步骤1：选择需要修改的采购信息，被选中的采购信息背景色变为黄色。单击"编辑"按钮，打开"采购信息"页面。

步骤2：选择采购城市和采购商品，输入采购数量和单价信息，如图2-20所示，同时仔细核对，切勿将采购数量和单价信息输反。确认无误后，单击"保存"按钮，系统提示"修改成功！"，完成采购信息修改操作。

图2-20　修改采购信息

如果还需要进行采购信息修改，可重复执行步骤 1 和步骤 2。

3. 删除采购信息

（1）删除单个采购信息。

步骤 1：选择需要删除的单个采购信息，被选中的采购信息背景色变为黄色。

步骤 2：单击采购信息右侧的"删除"按钮，系统提示"删除成功！"。单击"确定"按钮，完成单个采购信息删除操作。

如果还需要进行单个采购信息删除，可重复执行步骤 1 和步骤 2。

（2）删除多个采购信息。

步骤 1：选择多个需要删除的采购信息，被选中的采购信息背景色变为黄色。

步骤 2：单击"采购投标"页面右上角的"删除"按钮，系统提示"您确定要删除吗？"，如图 2-21 所示。单击"确定"按钮，系统提示"删除成功！"，单击"确定"按钮，完成多个采购信息删除操作。如果在单击"确定"按钮前还想修改采购信息，则单击"取消"按钮。

图 2-21　删除多个采购信息

如果还需要删除多个采购信息，可重复执行步骤 1 和步骤 2。

4. 采购投标与跳过

（1）采购投标。采购信息添加完毕，即采购投标方案添加完成后，还需要投标。

步骤：单击"投标"按钮，系统提示"确定下达采购订单吗？每期只能采购一次！"，如图 2-22 所示。如果单击"确定"按钮，系统提示"发布采购信息冻结资金 998.26"（以图 2-20 中的采购信息为例），再单击"确定"按钮，完成采购投标操作。如果系统提示"当前余额不够支付本次交易，请减少采购数量！"，说明网店的现金账户余额小于采购金额，需要卖家去融资或者减少采购数量，而后再进行采购投标操作。如果在单击"确定"按钮前还想修改采购信息，则单击"取消"按钮，修改采购方案。

图 2-22　采购投标

（2）采购跳过。如果网店没有采购需求，那么卖家可以不制定采购投标方案，直接选择跳过。网店跳过采购投标的原因，要么是网店的库存充足，暂时不需要采购；要么是网店的资金不足，无法进行采购。

步骤：单击"跳过"按钮，系统提示"确定不需要采购订单吗？每期只能采购一次！"。如果单击"确定"按钮，系统提示"跳过发布采购信息成功！"，如图 2-23 所示，再单击"确定"按钮，完成采购跳过操作。如果在单击"确定"按钮前还想修改采购信息，则单击"取消"按钮，修改采购方案。

图 2-23　采购跳过

卖家制定完采购投标方案后，要尽量避免把"投标"按钮当成"跳过"按钮，否则会给后续的经营带来不利影响。

二、商品入库和配送中心扩建

电商沙盘系统根据规则自动评判采购中标网店，然后网店运营主管对采购投标成功的商品执行入库操作。只有在有配送中心的城市并且配送中心的可用容量大于入库商品的体积时才可以进行商品入库，因为采购的商品必须全部入库。

1. 商品入库

网店要对采购的商品进行入库操作，即商品入库。

如果入库商品的体积小于或等于配送中心的可用容量，那么可以进行商品入库操作。商品入库后，卖家需要到"辅助工具"模块下的"库存管理"页面查询商品库存相关信息。

商品入库的操作步骤如下。

步骤1：单击系统窗口左侧的"工作流程"|"商品入库"项，打开"商品入库"页面，如图2-24所示。

	城市名	公司名	商品名	数量	价格	付款账期	到达账期	货物总体积
1	沈阳市	黄金电子城	油烟机	28	8.01	0	1	140
2	沈阳市	中意家具城	桌子	16	14.02	0	1	160
3	沈阳市	周大福珠宝商	项链	12	20.68	0	1	24
4	沈阳市	时尚服装厂	裤子	150	2.01	0	1	450

图2-24　商品入库

步骤2：选择需要入库的采购订单，被选中的采购订单背景色变为黄色。单击"商品入库"按钮，如果系统提示"采购入库成功！"，则单击"确定"按钮，完成商品入库操作。如果系统提示"沈阳市配送中心容量不足！"（见图2-25），则单击"确定"按钮，返回"商品入库"页面，执行"配送中心扩建"操作。

图2-25　配送中心容量不足提示

2. 配送中心扩建

如果入库商品的体积大于配送中心的可用容量，那么配送中心需要先行扩建，然后才可以进行商品入库。网店也可以新建一个配送中心，通过库存调拨来完成所有商品的入库操作。

配送中心扩建的操作步骤如下。

步骤：单击"配送中心扩建"按钮，进入"配送中心改建"页面，卖家根据实际需求选中需要的配送中心类型，被选中的配送中心类型背景色变为灰色。单击"确定"按钮，系统提示"您确定要改建吗？"。单击"确定"按钮，完成配送中心改建。系统将自动从网店现金账户中扣除相应的租赁费和建筑维修费。如果网店的现金余额不足，则需要卖家去融资，还不足的话，网店将破产。

配送中心扩建完成后，再执行商品入库的步骤 1 和步骤 2。

3. 跳过入库

跳过入库的操作主要在以下两种情况下执行：一是卖家没有采购到商品，无法进行正常的商品入库；二是卖家在"采购投标"时选择的是"跳过"。

步骤 1：单击系统窗口左侧的"工作流程"|"商品入库"项，打开"商品入库"页面。

步骤 2：单击"跳过入库"按钮，如图 2-26 所示，系统提示"跳过成功！"。单击"确定"按钮，完成跳过入库操作。

图 2-26　跳过入库

思考与探究

模块内容：	学号：	姓名：	班级：	年 月 日

1. 通过对本模块的学习，你掌握了哪些规则？

2. 在经营过程中，你的企业有无资金缺口？如有，你是如何解决的？

3. 谈谈你对融资手段的认知，特别是在经营开始阶段，如何分配民间融资额度和短期贷款额度。

4. 你是如何统筹规划 C 店和 B 店的？

5. 你是如何设置办公场所和配送中心的？

6. 有哪些辅助分析工具可以帮助网店经营者了解竞争对手，把握店铺运营现状？

7. 你需要进一步了解或得到解答的问题是什么？

8. 为了更好地教与学，你有何建议？

项目三

网店推广

📘🔍 项目导学

只有懂得规则，才能游刃有余。
只有认真对待，才能获得收获。
只有积极参与，才能相互成就。
只有善于思考和总结，才能获得最大的收获与提高。

用户	商品	品牌	流量	转化	复购率
卖给谁	卖什么	让更多人知道	让更多人来	让更多人买	让更多人反复买
用户画像	品类管理	购物场景	营销策划	深耕交易	高效交付

任务一　商品发布

任务目标

1. 能够在开设的店铺中发布计划销售的商品。
2. 能够正确填写商品基本信息、商品物流信息及选择售后保障信息。
3. 具备信息收集、分析能力，严谨负责的工作态度和勇于探索的创新精神。

任务分析

商品的定价与发布是影响商品转化率的重要因素，同时又对网店运营影响较大。网店经营者必须权衡两部分利益关系，详细分析市场环境、竞争对手和自身店铺信息，并制定出合理的价格与发布策略。

商品发布是指企业在电商平台上架网店中的商品。在电商沙盘系统中，商品发布包含发布新商品、修改商品信息、商品上架/下架 3 个方面，而不涉及商品的主图和详情页。

一、发布新商品

在电商沙盘系统中，发布新商品主要是指填写商品基本信息、商品物流信息和选择售后保障信息。

1. 填写商品基本信息

卖家选择需要上架的商品，根据消费人群设置相应的价格，依据入库商品的数量及想要预售的数量填写商品数量。

若发布新商品时，设为卖家承担运费，则商品价格=商品一口价；若商品价格>市场平均价格×（1+不同消费人群价格浮动率），则为违规价格。对于违规价格，系统不提示，但不能成交。若发布新商品时，设为买家承担运费，则商品价格=（商品一口价×购买数量+总运费）/购买数量；若商品价格>市场平均价格×（1+不同消费人群价格浮动率），则为违规价格。不同消费人群价格浮动率于期初在教师端设置，如表 3-1 所示。

表 3-1　不同消费人群价格浮动率

消费人群	价格浮动率上限
注重品牌人群	上浮动 0.2（20%）

消费人群	价格浮动率上限
综合评价人群	上浮动 0.2（20%）
注重低价人群	上浮动 0.1（10%）
犹豫不定人群	上浮动 0.1（10%）

商品发布数量=库存数量+预售数量。若产生交易，则必须按照买家要求的到货期限交货，否则将承担违约责任。

备注：商品价格不能违规，商品发布数量不能多于库存数量+20。

2. 填写商品物流信息

卖家可以选择卖家承担运费或买家承担运费。卖家承担运费时，买家只需按商品一口价支付给卖家，配送完成后由卖家向物流公司支付实际运费。卖家可以采用任意物流方式运输，只要在买家规定的时间内到达即可，否则将承担退单的违约责任。买家承担运费时，卖家可以创建运费模板或直接输入各种物流方式的运费，买家会根据其选定的物流方式按商品一口价和运费支付。创建运费模板时，卖家可分别设置各种物流方式的默认运费及每超过一件需要增加的运费；每超过一件需要增加的运费不能高于默认运费的 50%，且默认运费最高不能超过 10。如果不创建运费模板，那么可以直接输入各种物流方式的运费，此运费为整单（若干件）的运费，运费最高不能超过 10。

3. 选择售后保障信息

在电商沙盘系统中，售后保障指的是保修。保修会产生售后服务费，会影响对保修有要求的消费人群的成交和商品绩效。

每件商品每期的售后服务费为 0.5，在确认交货后的下一期开始交纳售后服务费，连续交纳 3 期。如果卖家对第 1 轮第 1 期的项链开启保修服务，该期一共出售的项链数量为 6，那么从第 1 轮第 2 期确认收货开始需要交纳售后服务费（在每期的“支付相关费用”环节支付），一直交到第 2 轮第 2 期。所需交纳的售后服务费=6×0.5×3=9。

发布新商品的操作步骤如下。

步骤 1：单击系统窗口左侧的“工作流程”|“商品发布”项，打开“商品发布”页面，如图 3-1 所示。

步骤 2：单击“发布新商品”按钮，打开“发布新商品”页面，设置商品名称、选择店铺、填写商品一口价、设置运费和选择是否保修，完成后单击“发布”按钮，如图 3-2 所示。如果系统提示“发布成功！”，则单击“确定”按钮，完成一种商品的发布操作。

图 3-1　商品发布（未发布过商品）

图 3-2　发布新商品

重复执行步骤 2，直到商品发布完毕。

如果单击"发布"按钮后，系统提示"超过预售设定值；预售最大数量是 20 件!"，如图 3-3 所示，则单击"确定"按钮，此时需要卖家修改商品数量。修改后，单击"发布"按钮，如果系统提示"发布成功!"，则单击"确定"按钮，完成一种商品的发布操作。

如果单击"发布"按钮后，系统提示"平邮默认运费不能超过 10"、"快递默认运费不能超过 10"或"EMS 默认运费不能超过 10"，如图 3-4 所示，则单击"确定"按钮，此时需要卖家修改运费信息。修改后，单击"发布"按钮，如果系统提示"发布成功!"，则单击"确定"按钮，完成一种商品的发布操作。

图 3-3 预售数量超标提示

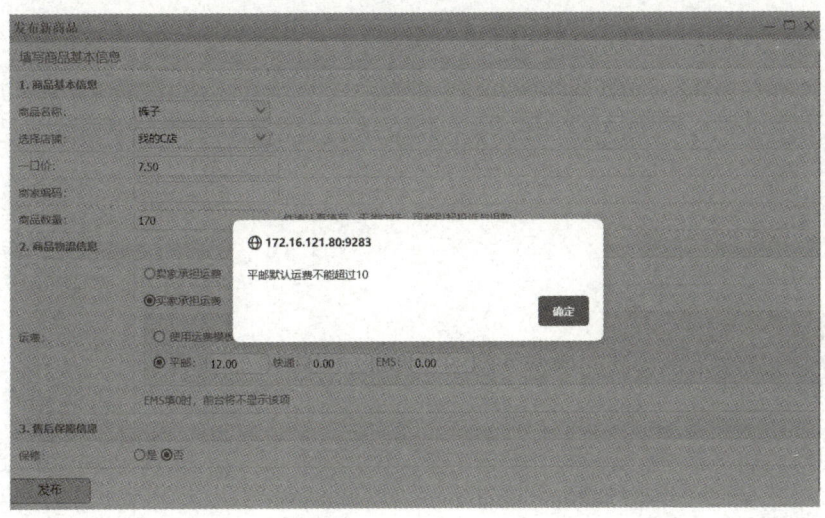

图 3-4 运费超标提示

二、修改商品信息

卖家可以根据经营需求修改商品信息。每期结束，系统会自动保留上一期商品的价格信息，所以卖家需要每期修正商品的价格信息，以免因为没有及时修改导致价格违规而无法成交；或者商品出售价格过低，降低网店的利润。每期结束，系统会自动修改商品的库存数量，所以卖家需要每期修正商品的库存数量，以免因为没有及时修改导致配送中心的库存商品无法销售。

另外，团购订单数据与库存没有关联，相当于一种预售机制，系统不会自动修改商品库存数量，需要卖家在下一期手动修改。

已经发布的商品在教师端结束站外推广之前都可以进行修改操作。

修改商品信息的操作步骤如下。

步骤 1：单击系统窗口左侧的"工作流程"|"商品发布"项，打开"商品发布"页面，如图 3-5 所示。选择需要修改信息的商品，被选中的商品背景色变为黄色。单击"修改"按钮，打开"修改商品信息"页面，如图 3-6 所示。

图 3-5　商品发布（发布过商品）

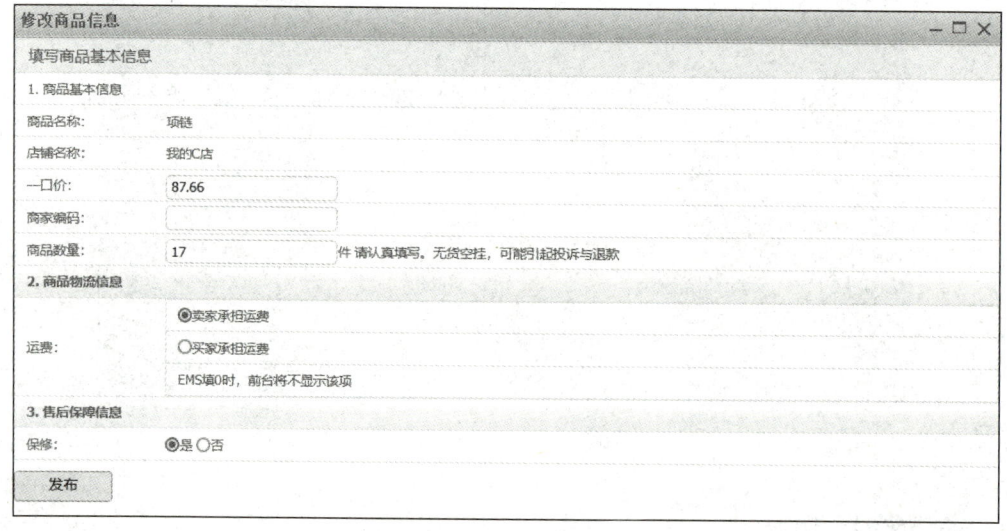

图 3-6　修改商品信息

步骤 2：填写商品一口价、设置运费和选择是否保修，完成后单击"发布"按钮。如果系统提示"修改成功！"，则单击"确定"按钮，完成一种商品信息的修改操作。

重复执行步骤 2，直到需要修改的商品信息修改完毕。

三、商品上架/下架

商品上架是指将商品发布在电商沙盘系统的网店内进行销售，买家和其他网店都可以看到该商品的信息。商品发布成功后会默认处于上架状态。商品下架是指将原来在电商沙盘系统的网店内销售的商品撤下后，买家和其他网店都看不到该商品的信息，如图 3-7 所示。

（a）

（b）

图 3-7　上架/下架商品信息对比

　　商品必须上架后才可以进行销售。所以卖家在"站外推广"结束前需要检查准备销售的商品是否处于上架状态。

1. 商品上架

商品上架的操作步骤如下。

步骤 1：单击系统窗口左侧的"工作流程"|"商品发布"项，打开"商品发布"页面。

步骤 2：选择需要上架的商品，被选中的商品背景色变为黄色，如图 3-8 所示。单击"上架"按钮，如果系统提示"处理成功!"，则单击"确定"按钮，完成商品的上架操作。

图 3-8　商品上架

2. 商品下架

商品下架的操作步骤如下。

步骤 1：单击系统窗口左侧的"工作流程"|"商品发布"项，打开"商品发布"页面。

步骤 2：选择需要下架的商品，被选中的商品背景色变为黄色，如图 3-9 所示。单击"下架"按钮，如果系统提示"处理成功!"，则单击"确定"按钮，完成商品的下架操作。

图 3-9　商品下架

 想一想

图 3-10 所示为某次网赛第 1 轮第 1 期某小组销售数据，思考为什么这家网店第 1 轮第 1 期"站外推广"结束后，"商品发布"模块中桌子的库存数量为 2，谈谈你对此的看法。

图 3-10　某次网赛第 1 轮第 1 期某小组销售数据

任务二　流量获取

任务目标

1. 能够根据推广需求制定 SEO 策略，提高网店的曝光率，获取免费流量。
2. 能够根据推广需求制定 SEM 策略，提高网店的曝光率，获取站内付费流量。
3. 具备团队协作能力和数据分析能力。

任务分析

根据"销售漏斗"原理，只有较多的引流才会有较高的销量。网店经营者要根据网店的经营目标分析市场情况，结合商品特性、竞争对手策略预判等制定推广策略，实施 SEO 优化（与系统叫法一致）和 SEM 推广，获取流量。

一、SEO 优化

在电商沙盘系统中，SEO 优化是指通过优化自身商品的标题关键词，尽可能匹配买家的搜索习惯，从而在买家搜索某个关键词、系统展示与该关键词相关的商品时，使自己网店的商品取得靠前的自然排名的过程。关键词的选取直接影响进店流量，进而影响商品销售。SEO 优化是网店每期均需完成的工作，至少要完成一种商品的 SEO 优化。

（一）SEO 标题

1. 标题编写原则

标题要简单、直接，突出卖点；要让买家即使看一眼，也能知道商品的特点。每种商品最多 7 个关键词，每个关键词最少 2 个字，并限定在 10 个字以内；如果所设关键词超过 7 个，则保存前 7 个。注意，这里设置的关键词是自然流量的关键。

2. 标题编写规范

标题中不要堆砌无关的词；避免使用大量的类似或重复标题；不要使用特殊符号，关键词之间用分号（；）隔开。尽量让自己的商品标题多样化，多加些属性关键词。

3. 选词

网店获取免费流量的方式是撰写正确、合理的商品标题。标题需要选用合适的词语，即关键词。关键词会直接决定标题的引流能力，所以选择匹配的关键词特别重要。选词是指通过优化标题关键词，尽可能匹配买家的搜索习惯。卖家可以从词库里选择关键词，也可以对词库关键词进行分析、归纳、总结后再填写，如图 3-11 所示。

图 3-11　选词示例

（二）SEO 内容

卖家想要通过自然流量获取订单，就要提高 SEO 关键词排名得分和商品绩效得分。[1]

SEO 商品排名得分=SEO 关键词排名得分×0.4+商品绩效得分×0.06

1. SEO 关键词排名得分

SEO 关键词排名得分=关键词搜索相关性（数据魔方提供）×SEO 关键词匹配方式得分

SEO 关键词匹配方式分为完全匹配、高度匹配、部分匹配和不匹配。当买家搜索的关键词与卖家设置的关键词完全相同时，称为完全匹配；当买家搜索的关键词是卖家设置的关键词的子集时，称为高度匹配；当买家搜索的关键词与卖家设置的关键词有一部分相同时，称为部分匹配；当买家搜索的关键词与卖家设置的关键词完全不同时，称为不匹配。

当 SEO 关键词匹配方式为完全匹配时，SEO 关键词匹配方式得分为 1；当 SEO 关键词匹配方式为高度匹配时，SEO 关键词匹配方式得分为 0.5；当 SEO 关键词匹配方式为部分匹配时，SEO 关键词匹配方式得分为 0.2；当 SEO 关键词匹配方式为不匹配时，SEO 关键词匹配方式得分为 0。SEO 关键词匹配方式得分示例如表 3-2 和表 3-3 所示。

表 3-2　SEO 关键词匹配方式得分示例 1

卖家商品标题	买家搜索关键词	匹配方式	得分
项链	项链	完全匹配	+1
项链	钻石项链	高度匹配	+0.5
项链	装饰链/项圈	部分匹配	+0.2
项链	钻石/周大生	不匹配	+0

表 3-3　SEO 关键词匹配方式得分示例 2

卖家商品标题	买家搜索关键词	匹配方式	得分
可折叠餐桌	可折叠餐桌	完全匹配	+1
可折叠餐桌	折叠/餐桌	高度匹配	+0.5
可折叠餐桌	折叠圆桌	部分匹配	+0.2
可折叠餐桌	梳妆台	不匹配	+0

2. 商品绩效得分

商品绩效得分=商品点击率得分+商品点击量得分+商品转化率得分+商品转化量得分+商品退单率得分+保修得分。

商品绩效各项得分如表 3-4 所示。

---

[1] 电商沙盘系统中，SEO 关键词排名得分的满分为 10；商品绩效得分的满分为 100。

表 3-4　商品绩效各项得分

项目	内容	得分
商品点击率得分	商品点击率≥商品平均点击率	+20
	商品点击率＜商品平均点击率	+（商品点击率/商品平均点击率）×20
商品点击量得分	商品点击量≥商品平均点击量	+10
	商品点击量＜商品平均点击量	+（商品点击量/商品平均点击量）×10
商品转化率得分	商品转化率≥商品平均转化率	+20
	商品转化率＜商品平均转化率	+（商品转化率/商品平均转化率）×20
商品转化量得分	商品转化量≥商品平均转化量	+10
	商品转化量＜商品平均转化量	+（商品转化量/商品平均转化量）×10
商品退单率得分	商品退单率	+（1−商品退单率）×30
保修得分	提供	+10
	不提供	+0

这里基于某关键词模拟买家的一次搜索，设 M 为组数，SEO 商品排名得分前 $M×0.6$ 个卖家的商品会被展现，数据魔方的该关键词的展现量会加 $M×0.6$（不足 $M×0.6$ 个时加实际卖家数），前 $M×0.6$ 个卖家的商品展现量会各加 1；SEO 商品排名得分前 $M×0.4$ 个卖家的商品会被点击，数据魔方的该关键词的点击量会加 $M×0.4$（不足 $M×0.4$ 个时加实际卖家数），前 $M×0.4$ 个卖家的商品点击量会各加 1；模拟买家按照本次模拟搜索的消费人群（4 类消费人群中的一类）的成交条件，与 SEO 商品排名进入前 $M×0.4$ 个的卖家进行撮合交易，如果符合条件，则会有一个订单成交，数据魔方的该关键词的转化量会加 1，该卖家的商品转化量会加 1。

3. SEO 相关术语

商品展现量：该商品被展现的次数。

商品点击量：该商品被点击的次数。

商品点击率：商品点击量/商品展现量。

商品转化量：商品最终的成交订单数量。

商品转化率：商品转化量/商品点击量。

商品退单量：商品累计退单的数量。

商品退单率：商品退单量/商品转化量（订单数）。

商品绩效：与该商品的点击率、点击量、转化率、转化量、退单率、保修相关。

商品平均点击率：商品点击量之和/商品展现量之和。

图 3-12 所示为某次网赛第 1 轮第 1 期某小组桌子的销售数据，可以看到商品展现量为

4834，商品点击量为 644，商品点击率为 13.32%（644/4834=0.1332，保留至小数点后四位，遵循四舍五入原则），商品转化量（订单数）为 12，商品退单量为 0，商品退单率为 0（0/12=0），是否保修为 True（该商品开启了保修服务）。

图 3-12　商品销售相关数据示例

SEO 优化的操作步骤如下。

步骤 1：单击系统窗口左侧的"工作流程" | "SEO 优化"项，打开"SEO 优化"页面，如图 3-13 所示。

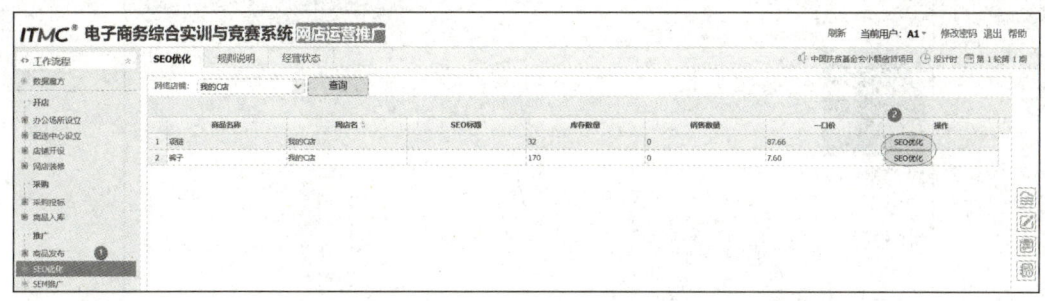

图 3-13　SEO 优化

步骤 2：选择需要进行 SEO 优化的商品，被选中的商品背景色变为黄色。单击"SEO 优化"按钮，进入"SEO 标题优化"页面。如果卖家采用的是数据魔方内的现有关键词，则执行步骤 3；如果卖家采用的是自设关键词，则还要执行步骤 4。

步骤 3：单击"我要淘词"按钮，打开"淘关键词"页面，选择相应商品的数据魔方关键词（勾选要选择的关键词的复选框）。关键词可按展现量、点击量、转化量等参数进行排名，在标题栏单击展现量、点击量、转化量等参数即可将关键词按照从高到低或从低到高的顺序排列。单击"加入标题"按钮，系统提示"您确定要选择这些关键词吗？"，如图 3-14 所示。

如果单击"确定"按钮，则打开"SEO 标题优化"页面，选择的关键词进入"SEO 优化（标题）"栏内，如图 3-15 所示；如果在单击"确定"按钮前还想修改关键词，则单击"取消"按钮，修改关键词。相关操作完成后，单击"保存"按钮，完成 SEO 标题优化。

图 3-14　在数据魔方中选择关键词提示

图 3-15　淘关键词

步骤 4：在"SEO 优化（标题）"栏内输入自设关键词，如图 3-16 所示，单击"保存"按钮，完成 SEO 优化。

图 3-16　自设关键词

SEO 关键词的选取直接影响进店流量，进而影响商品销售额。所以，卖家在后续的经营过程中需要根据商品销售情况优化 SEO 关键词，以努力提升网店的自然流量排名，提高商品销售额。

二、SEM 推广

在电商沙盘系统中，SEM 是指卖家对与自己所销售商品相关的关键词竞价，在买家搜索其中某个关键词时，展示与该关键词相关的自身商品，并取得靠前的搜索排名。SEM 关键词的选取及出价将直接影响进店流量，进而影响商品销售额。简单地说，网店通过 SEM 推广，可以让买家直接了解店铺商品，争取实现交易。

（一）SEM 推广计划

卖家在进行推广时需要先制订推广计划。每个卖家最多可以制订 4 个推广计划，每个推广计划可以添加多种商品。如果把推广计划看成小组，那么添加商品就像添加小组成员。

1. 推广账户管理

如果 SEM 推广账户余额为 0（见图 3-17）或负数（经营过程中会出现负数情况），则无法进行 SEM 推广，必须先充值。

图 3-17　推广账户余额为 0

卖家根据网店推广需求设定每期的推广预算，然后单击"我要充值"按钮进行充值操作，增加推广预算。也可以通过单击"我要提现"按钮对推广账户余额进行提现操作，削减推广预算。提现的数值必须是整数，否则系统会报错。

进行 SEM 推广账户管理的操作步骤如下。

步骤 1：单击系统窗口左侧的"工作流程"|"SEM 推广"项，打开"SEM 推广"页面，如图 3-18 所示。

步骤 2：单击"我要充值"按钮，输入充值金额后单击"充值"按钮，如图 3-19 所示。如果系统提示"充值的现金不足！"，说明网店的现金余额不足，则需要卖家去融资，还不足的话，就需要卖家调整充值金额。若充值成功，界面如图 3-20 所示。如果网店的现金余额允许，在教师端结束站外推广之前，卖家都可以根据需要调整 SEM 推广账户余额。

---

① 规范写法为"账户"，本书软件截图中为"帐户"。

图 3-18　SEM 推广

图 3-19　推广账户充值前

图 3-20　推广账户充值后

步骤 1：单击系统窗口左侧的"工作流程"|"SEM 推广"项，打开"SEM 推广"页面。

步骤 2：单击"我要提现"按钮，输入提现金额后单击"提现"按钮，如图 3-21 所示。提现的金额将转入网店的现金账户，如图 3-22 所示。提现金额需小于推广账户余额且必须是大于或等于 1 的整数，否则将无法提现。

图 3-21　推广账户提现前

图 3-22　推广账户提现后

2. 新建推广计划

在电商沙盘系统中，每个卖家都必须至少新建一个推广计划，否则在后续操作中，系统会提示"SEM 推广操作没有完成！不允许进行该操作！"，如图 3-23 所示。

图 3-23　SEM 推广操作没有完成提示

　　新建推广计划包括推广计划名称和每期限额的设置两项操作，如图 3-24 所示。推广计划名称可以根据卖家的喜好设置，一般可以按照商品生命周期命名，如新品、利润款等；也可以命名为 1、2、3、4；或者以店铺类型命名，如将 C 店命名为 C、将 B 店命名为 B。"每期限额"处，可以根据卖家的需求设定商品的每期推广预算，避免超出卖家的可承受范围；每期限额的系统初始值是 50，卖家可以根据实际需要修改，但数值必须是整数。

图 3-24　新建推广计划

　　新建推广计划的操作步骤如下。

　　步骤 1：单击系统窗口左侧的"工作流程"|"SEM 推广"项，打开"SEM 推广"页面。

　　步骤 2：单击"新建推广计划"按钮，打开"新推广计划"页面，填写推广计划名称和每期限额（系统默认是 50），如图 3-25 所示。然后单击"保存"按钮，完成一个推广计划的新建。

图 3-25　完成新建推广计划前

重复执行步骤 2，直到需要新建的推广计划建立完成。每个网店最多可以新建 4 个推广计划。

新建推广计划完成后，系统将打开"新建推广组"页面，如图 3-26 所示。这时可以单击"新建推广组"页面右上角的"×"按钮，后续操作可以在"SEM 管理"页面完成。

图 3-26 完成新建推广计划后

3. 调整推广计划

一旦建立推广计划后就不能删除，只能修改推广计划或者通过单击"暂停推广计划"和"开始推广计划"按钮对推广计划进行调整。

（1）修改推广计划。卖家在后期经营过程中，可以根据商品销售情况修改推广计划，操作步骤如下。

步骤 1：单击系统窗口左侧的"工作流程"|"SEM 推广"项，打开"SEM 推广"页面。

步骤 2：选择需要调整的 SEM 推广计划，被选中的推广计划背景色变为黄色。单击"修改"按钮，打开"修改推广计划基本信息"页面，如图 3-27 所示，修改每期限额，单击"保存"按钮。

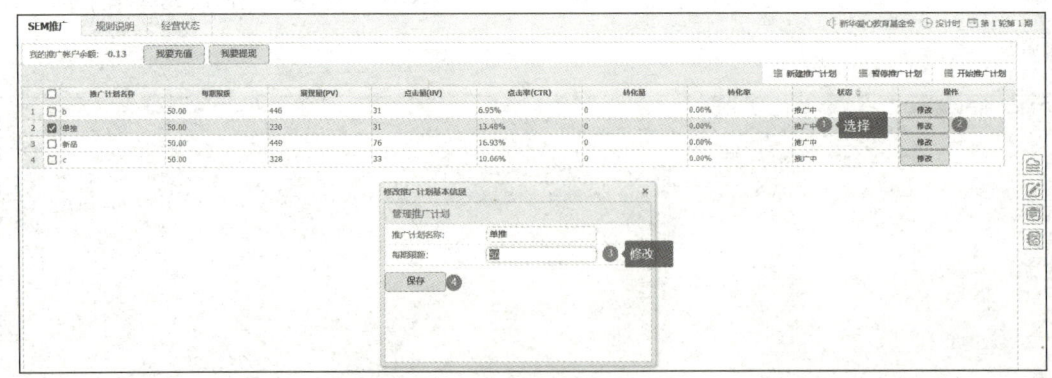

图 3-27 修改推广计划基本信息

重复执行步骤 2，直到需要修改的推广计划修改完成。

（2）暂停推广计划。根据网店情况，可以暂停目前推广效果不佳或暂时不需要的推广计划，操作步骤如下。

步骤1：单击系统窗口左侧的"工作流程"|"SEM推广"项，打开"SEM推广"页面。

步骤2：选择需要调整的SEM推广计划，被选中的推广计划背景色变为黄色。单击"暂停推广计划"按钮，系统提示"处理成功！"，如图3-28所示。单击"确定"按钮，完成相关操作。

图3-28　暂停推广计划处理成功提示

（3）开始推广计划。根据网店情况，可以重新开始目前暂停推广的推广计划，操作步骤如下。

步骤1：单击系统窗口左侧的"工作流程"|"SEM推广"项，打开"SEM推广"页面。

步骤2：选择需要重新开始推广的且状态为暂停推广的SEM推广计划，被选中的推广计划背景色变为黄色。单击"开始推广计划"按钮，系统提示"处理成功！"，如图3-29所示。单击"确定"按钮，完成相关操作。

图3-29　开始推广计划处理成功提示

（二）SEM推广排名

这里基于某关键词模拟买家的一次搜索，设 N 为组数，SEM商品排名得分前 $N \times 0.4$ 个卖家的商品会被展现，数据魔方的该关键词的展现量会加 $N \times 0.4$（不足 $N \times 0.4$ 个时加实际卖家数），前 $N×0.4$ 个卖家的商品展现量会各加 1；SEM 商品排名得分前 $N×0.3$ 个卖家的商品会被点击，数据魔方的该关键词的点击量会加 $N×0.3$（不足 $N×0.3$ 个时加实际卖家数），前 $N×0.3$ 个卖家的商品点击量会各加 1；模拟买家按照本次模拟搜索的消费人群（4 类消费人群中的一类）的成交条件，与 SEM 商品排名进入前 $N×0.3$ 个的卖家进行撮合交易，如果符合条件，则会有一个订单成交，数据魔方的该关键词的转化量会加 1，该卖家的商品转化量会加 1。

1. SEM 关键词匹配方式

SEM 关键词匹配方式分为精确匹配、中心匹配、广泛匹配。设置为精确匹配时，只有当买家搜索的关键词与卖家投放的关键词完全相同时才能被搜索到；设置为中心匹配时，当买家搜索的关键词是卖家投放的关键词的子集时也能被搜索到；设置为广泛匹配时，当买家搜索的关键词与卖家投放的关键词有一部分相同时即可被搜索到。

例如，设置为精确匹配时，卖家投放"裤子"，当买家搜索"裤子"时可搜索到卖家的商品；设置为中心匹配时，卖家投放"裤子"，当买家搜索"夏装裤子"时可搜索到卖家的商品；设置为广泛匹配时，卖家投放"夏装裤子"，当买家搜索"短款裤子"时可搜索到卖家的商品。

2. 商品绩效得分

SEM 商品绩效得分公式与 SEO 商品绩效得分公式相同。

3. 竞价价格

竞价价格是指为使商品取得靠前的排名而为某关键词所出的一次点击的价格。

SEM 商品排名得分=质量分×竞价价格

质量分=关键词搜索相关性（数据魔方提供）×0.4+商品绩效×0.06

电商沙盘系统中，SEM 推广采用的拍卖形式以广义第二价格拍卖为主。所谓广义第二价格拍卖是指如果搜索引擎有多个 SEM 广告位，那么第一名按照第二名的价格加一个最小竞价单位（0.01）进行扣费，第二名按照第三名的价格加一个最小竞价单位进行扣费，第三名按照第四名的价格加一个最小竞价单位进行扣费，以此类推。

卖家实际为某个 SEM 关键词的一次点击支付的费用=该关键词排名下一名的竞价价格×（下一名的质量分/卖家的质量分）+0.01。

例如，卖家 A 与卖家 B 都选取了"中式餐桌"这个关键词进行 SEM 推广，并且在该关键词的搜索排名中卖家 A 排名第一，卖家 B 排名第二。卖家 A 竞价价格为 1.5，卖家 B 竞价价格为 1。卖家 A 该词的质量分为 10，卖家 B 该词的质量分为 8。那么卖家 A 实际为该关键词一次点击支付的费用=1×（8/10）+0.01=0.81。

三、SEM 推广管理

根据推广计划，可以针对每种商品设计不同的推广组，再根据关键词为每个推广组制定相应的出价策略。

（一）新建推广组

卖家在进行推广时需要在推广计划下建立推广组，每个推广计划包含若干推广组，每个推广组对应一种商品，同样每种商品也只对应一个推广组。针对同一种商品的不同关键词设定不同的竞价价格，可以更好地达到 SEM 推广效果。

卖家可以通过单击"我要推广"按钮新建推广组。新建推广组包括推广组名称、默认竞价、推广商品和推广计划的设置 4 项操作，如图 3-30 所示。推广组名称可以根据卖家的喜好设置，一般为了方便记忆，可以按照商品名称（或商品关键词）命名，或者在商品名称后面加店铺名。例如，推广组名称是"裤子 C"，表示新建推广组的推广商品是裤子，推广店铺是我的 C 店。

图 3-30　新建推广组设置

新建推广组的操作步骤如下。

步骤 1：单击系统窗口左侧的"工作流程" | "SEM 管理"项，打开"SEM 管理"页面。

步骤 2：单击"我要推广"按钮，打开"新建推广组"页面，如图 3-31 所示。填写推广组名称和默认竞价（系统默认是 0.05），选择推广商品和推广计划，然后单击"保存"按钮，打开"管理推广关键词"页面。

图 3-31　新建推广组

步骤 3：单击"淘词"按钮，打开"淘词"页面，如图 3-32 所示。选择要进行推广的关键词，被选中的关键词背景色变为黄色。单击"加入推广"按钮，系统提示"您确定要推广选择的关键词吗？"。如果单击"确定"按钮，则系统提示"保存成功！"，单击"确定"按钮，完成相关操作。如果单击"取消"按钮，可修改关键词，完成相关操作。

图 3-32　淘词

单击"淘词"页面右上角的"×"按钮，选取的关键词进入"关键词管理"页面，如图 3-33 所示。

单击"管理推广关键词"页面右上角的"×"按钮，完成一个推广组的新建。

重复执行步骤 2 和步骤 3，直到需要新建的推广组建立完成。

管理推广关键词

商品基本信息

商品：	裤子
SEO 关键词：	裤女;打底;休闲;女裤;短裤;连体;分裤;
一口价：	0.00
数量：	0

关键词管理　　删除　　淘词　　批量出价

		关键词	竞价	匹配方式	质量分	展现量	点击量	转化量	点击率	转化率	点击花费	平均点击单	销售额	投入产出比	操作
1		中老年	0.13	精确匹配	3	0	0	0	0.00%	0.00%	0.00	0.00	0.00	0.00	修改
2		运动裤女	0.17	精确匹配	4	0	0	0	0.00%	0.00%	0.00	0.00	0.00	0.00	修改
3		孕妇打底裤	0.08	精确匹配	4	0	0	0	0.00%	0.00%	0.00	0.00	0.00	0.00	修改
4		逸阳女裤专	0.17	精确匹配	4	0	0	0	0.00%	0.00%	0.00	0.00	0.00	0.00	修改
5		休闲七分裤	0.09	精确匹配	3	0	0	0	0.00%	0.00%	0.00	0.00	0.00	0.00	修改
6		休闲连衣裤	0.05	精确匹配	4	0	0	0	0.00%	0.00%	0.00	0.00	0.00	0.00	修改
7		休闲裤小脚	0.11	精确匹配	3	0	0	0	0.00%	0.00%	0.00	0.00	0.00	0.00	修改
8		休闲裤女	0.24	精确匹配	4	0	0	0	0.00%	0.00%	0.00	0.00	0.00	0.00	修改
9		休闲裤	0.09	精确匹配	3	0	0	0	0.00%	0.00%	0.00	0.00	0.00	0.00	修改
10		休闲哈伦裤	0.28	精确匹配	4	0	0	0	0.00%	0.00%	0.00	0.00	0.00	0.00	修改
11		休闲长裤女	0.06	精确匹配	3	0	0	0	0.00%	0.00%	0.00	0.00	0.00	0.00	修改

查找　刷新　　　　　　　　　　　1　共3页　　20　　　　　　　　　　　1-20　共50条

图 3-33　关键词管理

（二）推广组管理

1. 修改推广组基本信息

SEM 推广组的默认竞价和关键词会影响进店付费流量，进而影响到商品销售额。卖家在后期经营过程中，可以根据商品销售情况修改推广组信息，进行 SEM 管理，如图 3-34 所示。具体包括单击"我要推广"按钮继续增加推广组；选择需要调整的推广组，单击"暂停推广组"按钮，将正在推广的商品暂停推广；选择处于暂停推广状态的推广组，单击"开始推广组"按钮，将暂停推广的商品恢复推广；如果推广组名称、默认竞价和推广计划名称需要调整，那么可以通过单击"修改"按钮完成相关操作。

图 3-34　推广组管理

修改推广组基本信息的操作步骤如下。

步骤 1：单击系统窗口左侧的"工作流程"|"SEM 管理"项，打开"SEM 管理"页面。

步骤 2：选择需要修改的推广组，被选中的推广组背景色变为黄色。单击"修改"按钮，打开"修改推广组基本信息"页面，如图 3-35 所示。修改默认竞价，考虑是否调整推广计划，单击"保存"按钮，完成一个推广组的修改。

图 3-35　修改推广组基本信息

重复执行步骤 2，直到需要修改的推广组修改完成。

2. 暂停推广组

根据网店推广计划，可以暂停目前推广效果不佳或暂时不需要推广的推广组，操作步骤如下。

步骤 1：单击系统窗口左侧的"工作流程"|"SEM 管理"项，打开"SEM 管理"页面。

步骤 2：选择需要暂停的 SEM 推广组，被选中的推广组背景色变为黄色。单击"暂停推广组"按钮，系统提示"处理成功！"，如图 3-36 所示。单击"确定"按钮，完成相关操作。

图 3-36　暂停推广组处理成功提示

3. 开始推广组

根据网店推广计划，可以重新开始目前暂停推广的推广组。

步骤 1：单击系统窗口左侧的"工作流程"|"SEM 管理"项，打开"SEM 管理"页面。

步骤 2：选择需要重新开始推广的且状态为暂停推广的推广组，被选中的推广组背景色变为黄色。单击"开始推广组"按钮，系统提示"处理成功！"，如图 3-37 所示。单击"确定"按钮，完成相关操作。

如果卖家需要调整推广组商品的关键词，那么通过单击"关键词"按钮，可以对 SEM 关键词进行删除、淘词、批量出价和修改操作，如图 3-38 所示。单击"删除"按钮，去掉不需要的关键词；单击"淘词"按钮，挑选需要增加的关键词；单击"批量出价"按钮，批量修改关键词的默认竞价和匹配方式，如图 3-39 所示；单击"修改"按钮，调整单个关键词的默认竞价和匹配方式。

图 3-37　开始推广组处理成功提示

图 3-38　管理推广关键词

图 3-39　批量修改关键词的默认竞价和匹配方式

任务三　活动营销

任务目标

1. 能根据网店运营需求，制定并实施团购、秒杀、套餐、促销策略，增加网店的转化量。

2. 具备遵守电子商务平台规则的工作意识，以及诚信服务、德法兼修的职业素养。

任务分析

流量是网店运营的基础，转化是网店运营的核心。提升网店营销转化率是一个整体的运营工作，而营销活动（如团购、秒杀、套餐、促销等）是提升网店营销转化率的一个主要手段。

一、团购

在电商沙盘系统中，团购是指卖家根据经营需求针对某种商品的团购活动，用来吸引犹豫不定人群购买，增加店铺人气和商品人气。

团购价格=商品价格×团购折扣

折扣：买家享受的折扣额按照卖家填写的折扣数值计算。例如，卖家填写的团购折扣为 8，买家购买商品即可享受八折（80%）。

收益：获得店铺人气 2、商品人气 2。

对象：犹豫不定人群。

要求：最多购买数量为 20，最少购买数量为 10，一种商品只能发布一次团购活动。

根据营销活动计划，卖家可以设置团购活动，如图 3-40 所示。具体包括添加、删除、修改和上架/下架操作。只有处于上架状态的团购活动，买家才能参与。

		团购名称	商品名称	网店名 ‡	最低团购数量	销售数量	商城价格	折扣	运费模板	人气	是否保修	上架/下架	操作
1	☐		裤子	我的C店	10	0	8.51	8.00			True	上架	修改
2	☐		项链	我的C店	10	0	87.66	5.88			True	上架	修改
3	☐		洗碗机	我的C店	10	0	35.78	5.66			True	上架	修改
4	☐		桌子	我的C店	10	0	63.20	5.36			True	上架	修改

图 3-40　设置团购活动

卖家单击"添加"按钮，可以增加新的团购活动。

对不需要的团购活动，卖家可以单击"删除"按钮进行删除；对暂时不需要的团购活动，卖家可以单击"下架"按钮进行下架处理；对需要调整的团购活动，卖家可以单击"修改"按钮，修改团购的基本信息。

团购的操作步骤如下。

1. 添加新团购

步骤 1：单击系统窗口左侧的"工作流程"|"团购"项，打开"团购"页面。

步骤 2：单击"添加"按钮，打开"添加新团购"页面，如图 3-41 所示。

图 3-41　添加新团购

步骤3：填写团购名称（也可以不填），选择需要团购的商品，设置团购折扣，输入最少购买数量（系统默认是10，最大是20）。单击"保存"按钮，系统提示"保存成功！"。单击"确定"按钮，完成相关操作。

重复执行步骤3，直到需要团购的商品信息设置完成。新团购活动添加成功后，默认处于上架状态。

2. 修改团购

步骤1：单击系统窗口左侧的"工作流程"|"团购"项，打开"团购"页面。

步骤2：选择需要修改的团购活动，被选中的团购活动背景色变为黄色。单击"修改"按钮，打开"修改团购信息"页面。

步骤3：填写团购名称（也可以不填），选择需要团购的商品，设置团购折扣，输入最少购买数量（系统默认是10，最大是20）。单击"保存"按钮，系统提示"保存成功！"。单击"确定"按钮，完成相关操作。

重复执行步骤3，直到需要修改的团购活动信息修改完成。

3. 删除团购

步骤1：单击系统窗口左侧的"工作流程"|"团购"项，打开"团购"页面。

步骤2：选择需要删除的团购活动，被选中的团购活动背景色变为黄色。单击"删除"按钮，系统提示"删除成功！"，如图3-42所示。单击"确定"按钮，完成相关操作。

图3-42　删除团购成功提示

4. 团购下架

对暂时不需要的团购活动，卖家可以单击"下架"按钮暂停活动；后期如果需要恢复该活动，那么卖家可以单击"上架"按钮继续进行团购促销活动。

步骤1：单击系统窗口左侧的"工作流程"|"团购"项，打开"团购"页面。

步骤2：选择需要下架的团购活动，被选中的团购活动背景色变为黄色。单击"下架"按钮，系统提示"处理成功！"，如图3-43所示。单击"确定"按钮，完成相关操作。

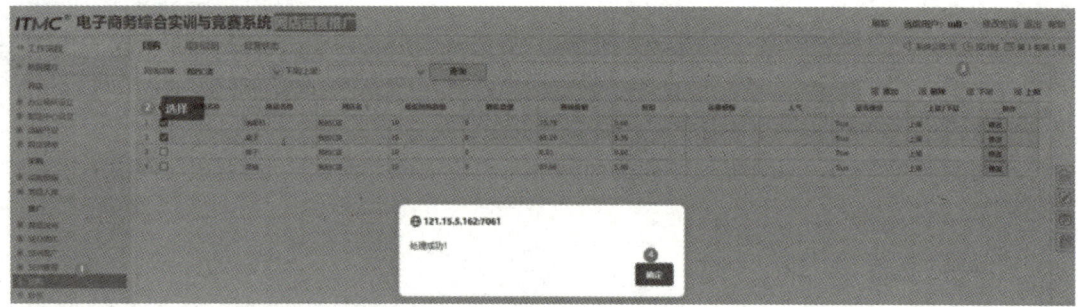

图 3-43　团购下架成功提示

5. 团购上架

对下架的团购活动，卖家可以单击"上架"按钮将其上架。

步骤 1：单击系统窗口左侧的"工作流程"|"团购"项，打开"团购"页面。

步骤 2：选择需要上架团购活动的商品，被选中的团购商品背景色变为黄色。单击"上架"按钮，系统提示"处理成功！"，如图 3-44 所示。单击"确定"按钮，完成相关操作。

图 3-44　团购上架成功提示

二、秒杀

在电商沙盘系统中，秒杀是指卖家根据经营需求，发布若干折扣为五折的商品促销活动，用来吸引买家抢购，迅速增加店铺人气和商品人气。

秒杀价格＝商品价格×50%

折扣：卖家对某种商品开启秒杀，买家购买商品即可享受五折（50%）。

收益：获得店铺人气 4、商品人气 4。

对象：所有消费人群。

根据营销活动计划，卖家可以设置秒杀活动，如图 3-45 所示。具体包括开启秒杀和结束秒杀操作。

图 3-45　设置秒杀活动

卖家可以选择需要设置秒杀活动的商品，单击"开启秒杀"按钮，增加新的秒杀活动；卖家也可以选择需要取消秒杀活动的商品，单击"结束秒杀"按钮，关闭该商品的秒杀活动。

秒杀的操作步骤如下。

1. 开启秒杀

步骤 1：单击系统窗口左侧的"工作流程" |"秒杀"项，打开"秒杀"页面。

步骤 2：选择需要开启秒杀的商品，被选中的秒杀商品背景色变为黄色。单击"开启秒杀"按钮，系统提示"您确定要开启秒杀吗？"，如图 3-46 所示。单击"确定"按钮，系统提示"保存成功！"，完成相关操作。

图 3-46　开启秒杀

2. 结束秒杀

步骤 1：单击系统窗口左侧的"工作流程" |"秒杀"项，打开"秒杀"页面。

步骤 2：选择需要结束秒杀的商品，被选中的秒杀商品背景色变为黄色。单击"结束秒杀"按钮，如图 3-47 所示，系统提示"您确定要结束秒杀吗？"。单击"确定"按钮，系统提示"保存成功！"，完成相关操作。

图 3-47　结束秒杀

三、套餐

在电商沙盘系统中，套餐是指卖家根据经营需求，对多种商品进行的组合搭配，用来吸引买家抢购，增加店铺人气和商品人气。套餐可组合多种商品搭配出售（一个套餐最多包含 3 种商品）。

套餐价格=套餐内所有商品的单价之和

套餐内商品的单价由卖家设置，但是除引流商品外，其余套餐内商品单价不能高于当地商品一口价。

引流商品一口价+运费>套餐内引流商品单价+套餐运费

例如，卖家设置正常购买商品 A 一口价为 5，运费为 2；卖家提供的套餐内商品 A 单价为 4、商品 B 单价为 3，套餐运费为 2。某买家欲购买商品 A，则商品 A 为引流商品。

【判定 1】买家正常购买一件商品 A 总共花费 5+2=7；购买卖家提供的套餐内商品 A 花费 4+2=6；7>6，则判定 1 成功；否则判定失败，买家放弃购买套餐。

【判定 2】判定 1 成功后判定商品 B 是否高于当地商品一口价，如果高于当地商品一口价，则判定失败，买家放弃购买套餐；否则判定成功，买家购买套餐。

收益：获得店铺人气 2、商品人气 2。

对象：所有消费人群。

注意：套餐数量的预售上限为 1000，不受库存数量限制，套餐商品只生成一个订单。

根据营销活动计划，卖家可以设置套餐活动，如图 3-48 所示。具体包括添加新套餐、修改和上架/下架操作。只有处于上架状态的套餐活动，买家才能参与。

图 3-48　设置"套餐"活动

卖家单击"添加新套餐"按钮，可以添加新的套餐活动。

对暂时不需要的套餐活动，卖家可以单击"下架"按钮暂停活动；后期如果需要恢复该套餐活动，那么卖家可以单击"上架"按钮继续进行活动。

套餐的操作步骤如下。

1. 添加新套餐

步骤1：单击系统窗口左侧的"工作流程"|"套餐"项，打开"套餐"页面。

步骤2：单击"添加新套餐"按钮，打开"添加新套餐"页面，如图3-49所示。

图3-49　添加新套餐

步骤3：单击"添加套餐列表"后的"添加"按钮，打开"套餐商品"页面，选择商品，输入价格和数量（系统默认是1，不能修改）。单击"保存"按钮，系统提示"保存成功！"。单击"确定"按钮，完成一件商品的添加。

重复执行步骤3，最多可添加3个套餐商品。

商品添加完成后，可以对商品进行修改和删除操作。

步骤4：以修改套餐商品为例，填写套餐名称（名称不能为空），选择活动网店，设置套餐件数（最高1000），选择物流方式和设置售后保障信息。单击"保存"按钮，系统提示"保存成功！"。单击"确定"按钮，完成该套餐商品的修改。

2. 修改套餐

步骤1：单击系统窗口左侧的"工作流程"|"套餐"项，打开"套餐"页面。

步骤2：选择需要修改的套餐活动，被选中的套餐活动背景色变为黄色。单击"修改"按钮，打开"修改套餐信息"页面。

步骤3：单击"修改"或"删除"按钮，调整套餐商品种类、商品单价和数量，单击

"保存"按钮。

步骤 4：修改套餐名称（名称不能为空），选择活动网店，设置套餐件数（最高 1000），选择物流方式和设置售后保障信息。单击"保存"按钮，系统提示"保存成功！"。单击"确定"按钮，完成一个套餐活动的修改。

重复执行步骤 3 和步骤 4，直到需要修改的套餐设置完成。

3. 套餐下架

再次强调：对暂时不需要的套餐活动，卖家可以单击"下架"按钮暂停活动；后期如果需要恢复该活动，那么卖家可以单击"上架"按钮继续进行套餐活动。

步骤 1：单击系统窗口左侧的"工作流程"|"套餐"项，打开"套餐"页面。

步骤 2：选择需要下架的套餐活动，被选中的套餐活动背景色变为黄色。单击"下架"按钮，系统提示"处理成功！"，如图 3-50 所示。单击"确定"按钮，完成相关操作。

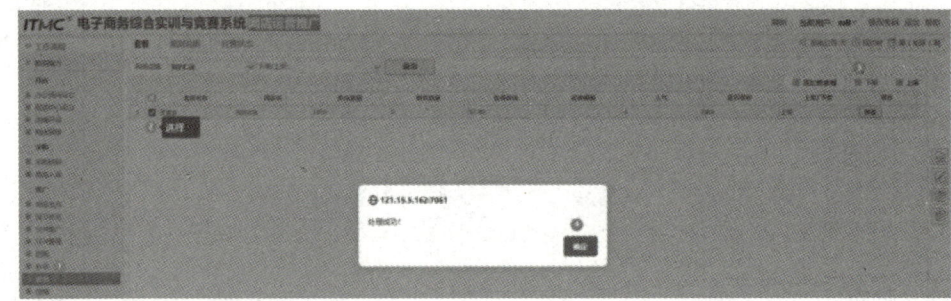

图 3-50　套餐下架成功提示

4. 套餐上架

对下架的套餐活动，卖家可以单击"上架"按钮将其上架。

步骤 1：单击系统窗口左侧的"工作流程"|"套餐"项，打开"套餐"页面。

步骤 2：选择需要上架的套餐活动，被选中的套餐活动背景色变为黄色。单击"上架"按钮，系统提示"处理成功！"，如图 3-51 所示。单击"确定"按钮，完成相关操作。

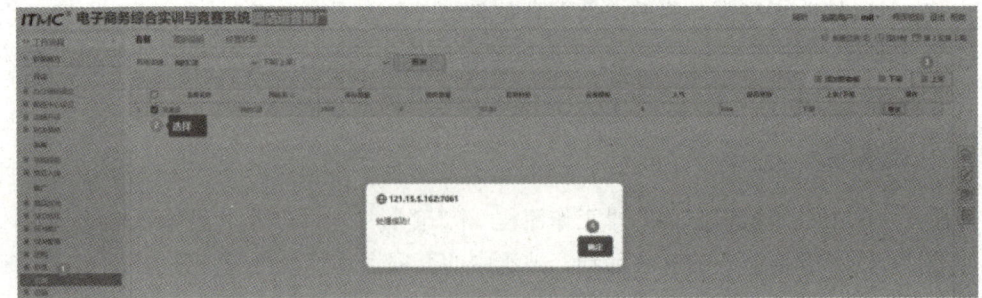

图 3-51　套餐上架成功提示

四、促销

在电商沙盘系统中，促销是指卖家根据经营需求，对某种或某几种商品进行满就送促销、多买折扣促销、买第几件折扣促销，用来吸引买家抢购，增加店铺人气和商品人气。

收益：获得店铺人气 2、商品人气 2。

对象：所有消费人群。

（一）满就送促销

满就送促销是指订单类型为正常购买时的成交总金额达到设定的金额就可以享受返现金的优惠活动。卖家可以根据经营需求设定活动范围，选择参加活动的商品。当正常购买的成交总金额大于或等于设定的金额时：

$$成交总金额=商品价格×商品件数-总优惠额$$
$$=商品一口价×商品件数+正常购买时的总运费-总优惠额$$

备注：订单分为正常购买、秒杀、团购、套餐 4 种类型。

根据营销活动计划，卖家可以设置满就送促销活动，如图 3-52 所示。具体包括添加、删除和修改操作。

图 3-52　设置满就送促销活动

卖家单击"添加"按钮，可以增加新的满就送促销活动，填写促销名称，选择活动限制和商品范围，填写金额要求并设置优惠金额；单击"删除"按钮，删除不需要的满就送促销活动；也可以单击"修改"按钮，修改相应商品的满就送促销活动。

练一练

> 商品一口价为 5，商品件数为 4，总运费为 4，满 20 送 3。成交总金额为多少？

满就送促销的操作步骤如下。

1. 添加满就送促销活动

步骤 1：单击系统窗口左侧的"工作流程"|"促销"项，打开"满就送促销"页面。

步骤 2：单击"添加"按钮，打开"添加促销信息"的"买就返现金基本信息"页面，如图 3-53 所示。

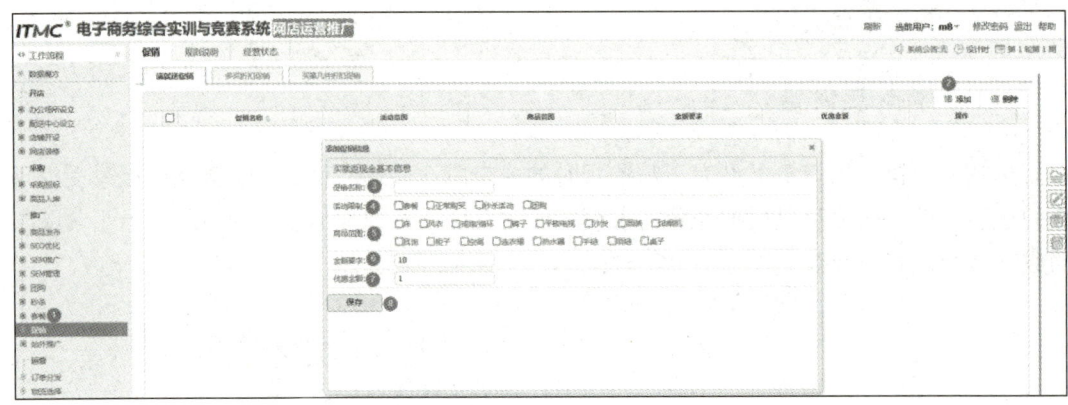

图 3-53　添加买就送促销活动

步骤 3：填写促销名称（名称不能为空），选择活动限制和商品范围，填写金额要求并设置优惠金额。单击"保存"按钮，系统提示"保存成功！"。单击"确定"按钮，完成一个满就送促销活动的添加。

重复执行步骤 3，直到需要添加的满就送促销活动添加完成。

2. 修改满就送促销活动

步骤 1：单击系统窗口左侧的"工作流程"|"促销"项，打开"满就送促销"页面。

步骤 2：选择需要修改的满就送促销活动，被选中的满就送促销活动背景色变为黄色。单击"修改"按钮，打开"修改促销信息"的"买就返现金基本信息"页面，如图 3-54 所示。

图 3-54　修改满就送促销活动

步骤3：修改促销名称（名称不能为空），选择活动限制和商品范围，填写金额要求并设置优惠金额。单击"保存"按钮，系统提示"修改成功！"。单击"确定"按钮，完成一个满就送促销活动的修改。

重复执行步骤3，直到需要修改的满就送促销活动修改完成。

3．删除满就送促销活动

步骤1：单击系统窗口左侧的"工作流程"|"促销"项，打开"满就送促销"页面。

步骤2：选择需要删除的满就送促销活动，被选中的满就送促销活动背景色变为黄色。

步骤3：单击"删除"按钮，系统提示"您确定要删除吗？"，如图3-55所示。单击"确定"按钮，完成相关操作。

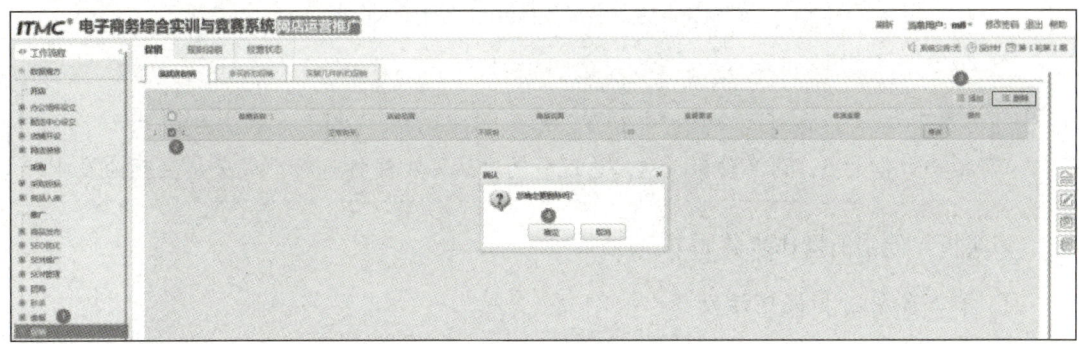

图 3-55　删除满就送促销活动提示

（二）多买折扣促销

多买折扣促销是指买家一次性正常购买数量达到设定数量，成交总金额全部按折扣后金额付款的优惠活动。折扣后金额按照卖家填写的折扣数值享受，如八折就填写8。

成交总金额=商品价格×商品件数×折扣数值×0.1

=（商品一口价×商品件数+正常购买时的总运费）×折扣数值×0.1

根据营销活动计划，卖家可以设置多买折扣促销活动，如图3-56所示。具体包括添加、删除和修改操作。

图 3-56　设置多买折扣促销活动

卖家单击"添加"按钮，可以增加新的多买折扣促销活动，填写促销名称，选择活动限制和商品范围，填写购买最少件数并设置享受折扣；单击"删除"按钮，可以删除不需要的多买折扣促销活动；也可以单击"修改"按钮，修改相应商品的多买折扣促销活动，如图 3-57 所示。

图 3-57　修改多买折扣促销活动基本信息

练一练

商品一口价为 5，商品件数为 4，总运费为 4，买 4 件打八折。成交总金额为多少？

多买折扣促销的操作步骤如下。

1. 添加多买折扣促销活动

步骤 1：单击系统窗口左侧的"工作流程"|"促销"项，打开"多买折扣促销"页面。

步骤 2：单击"添加"按钮，打开添加促销信息的"多购买享受折扣基本信息"页面，如图 3-58 所示。

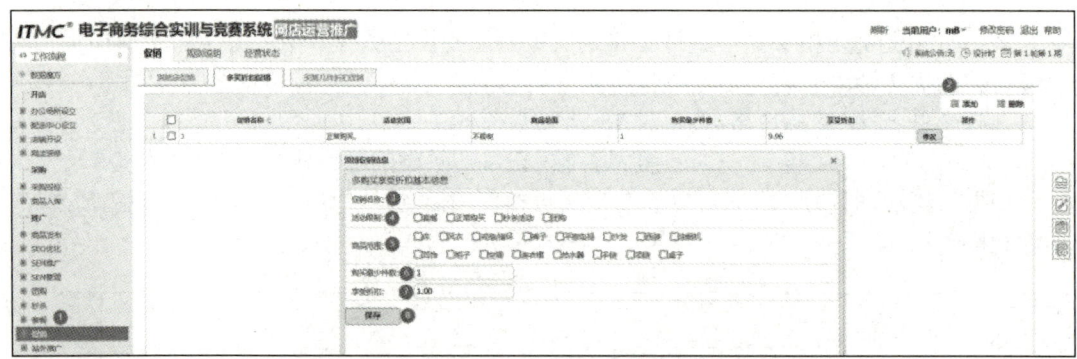

图 3-58　添加多买折扣促销活动

步骤 3：填写促销名称（名称不能为空），选择活动限制和商品范围，填写购买最少件数并设置享受折扣。单击"保存"按钮，系统提示"添加成功！"。单击"确定"按钮，完成一个多买折扣促销活动的添加。

重复执行步骤 3，直到需要添加的多买折扣促销活动添加完成。

2. 修改多买折扣促销活动

步骤1：单击系统窗口左侧的"工作流程"|"促销"项，打开"多买折扣促销"页面。选择需要修改的多买折扣促销活动，被选中的多买折扣促销活动背景色变为黄色。单击"修改"按钮，打开"修改促销信息"的"多购买享受折扣基本信息"页面，如图 3-59 所示。

图 3-59　修改多买折扣促销活动

步骤2：修改促销名称（名称不能为空），选择活动限制和商品范围，填写购买最少件数和享受折扣。单击"保存"按钮，系统提示"修改成功！"。单击"确定"按钮，完成一个多买折扣促销活动的修改。

重复执行步骤 2，直到需要修改的多买折扣促销活动修改完成。

3. 删除多买折扣促销活动

步骤1：单击系统窗口左侧的"工作流程"|"促销"项，打开"多买折扣促销"页面。

步骤2：选择需要删除的多买折扣促销活动，被选中的多买折扣促销活动背景色变为黄色。

步骤3：单击"删除"按钮，系统提示"您确定要删除吗？"，如图 3-60 所示。单击"确定"按钮，完成相关操作。

图 3-60　删除多买折扣促销活动提示

（三）买第几件折扣促销

买第几件折扣促销是指设定一个件数（N），当购买的商品数量达到 N 时，本件商品即享受优惠折扣，下一件（第 N+1 件）商品重新计数，以此类推。折扣额直接填写折扣数值，如八折就填写 8。

$$成交总金额=商品价格×商品件数-单个优惠金额×优惠商品数量$$
$$单个优惠金额=商品价格×（1-折扣数值×0.1）$$
$$优惠商品数量=商品件数/N（向下取整）$$

根据营销活动计划，卖家可以设置买第几件折扣促销活动，如图 3-61 所示。具体包括添加、删除和修改操作。

图 3-61　设置买第几件折扣促销活动

卖家单击"添加"按钮，可以增加新的买第几件折扣促销活动，填写促销名称，选择活动限制和商品范围，填写件数 N 并设置享受折扣，如图 3-62 所示；单击"删除"按钮，删除不需要的买第几件折扣促销活动；也可以单击"修改"按钮，修改相应商品的买第几件折扣促销活动。

图 3-62　添加买第几件折扣促销活动基本信息

商品一口价为 5，商品件数为 4，总运费为 4，第 3 件打五折。成交总金额为多少？

买第几件折扣促销的操作步骤如下。

1. 添加买第几件折扣促销活动

步骤1：单击系统窗口左侧的"工作流程"|"促销"项，打开"买第几件折扣促销"页面。

步骤2：单击"添加"按钮，打开"添加促销信息"的"第几件折扣基本信息"页面，如图3-63所示。

图3-63　添加买第几件折扣促销活动

步骤3：填写促销名称（名称不能为空），选择活动限制和商品范围，填写第几件数折扣并设置享受折扣。单击"保存"按钮，系统提示"添加成功！"。单击"确定"按钮，完成一个买第几件折扣促销活动的添加。

重复执行步骤3，直到需要添加的买第几件折扣促销活动添加完成。

2. 修改买第几件折扣促销活动

步骤1：单击系统窗口左侧的"工作流程"|"促销"项，打开"买第几件折扣促销"页面。

步骤2：选择需要修改的买第几件折扣促销活动，被选中的买第几件折扣促销活动背景色变为黄色。单击"修改"按钮，打开"修改促销信息"的"第几件折扣基本信息"页面，如图3-64所示。

步骤3：修改促销名称（名称不能为空），选择活动限制和商品范围，填写第几件数折扣并设置享受折扣。单击"保存"按钮，系统提示"修改成功！"。单击"确定"按钮，完成一个买第几件折扣促销活动的修改。

重复执行步骤3，直到需要修改的买第几件折扣促销活动修改完成。

图 3-64 修改买第几件折扣促销活动

3. 删除买第几件折扣促销活动

步骤 1：单击系统窗口左侧的"工作流程"|"促销"项，打开"买第几件折扣促销"页面。

步骤 2：选择需要删除的买第几件折扣促销活动，被选中的买第几件折扣促销活动背景色变为黄色。

步骤 3：单击"删除"按钮，系统提示"您确定要删除吗？"，如图 3-65 所示。单击"确定"按钮，完成相关操作。

图 3-65 删除买第几件折扣促销活动提示

任务四　站外推广

任务目标

1. 能够熟练掌握常见的站外推广渠道，并了解各自的优劣势。
2. 能够根据经营需求制定站外推广策略，提高网店的曝光率，获取站外付费流量。
3. 具备信息收集和分析能力、团队协作能力和数据分析能力。

任务分析

除了常见的站内推广，也可以采用站外推广的方式给网店引入流量。在网店运营过程中，常见的站外推广渠道有百度、网络广告联盟、央视等。研究各个站外推广渠道的异同，分析各自的优劣势，进而根据企业营销策略制订站外推广策略，实施站外推广，有助于增加销量。

一、站外推广机制

在电商沙盘系统中，站外推广是指卖家根据经营需求，对已经筹建完成的 B 店发布的商品，选择百度、网络广告联盟、央视 3 种媒体中的一种或多种进行推广，用来吸引注重品牌人群购买，增加店铺人气和商品人气。

B 店可以通过站外推广获得流量，而 C 店不可以进行站外推广。站外推广只能吸引注重品牌人群购买，注重品牌人群出现的时间节点为第 3 轮第 2 期，在此之前没有注重品牌人群的购买需求。

站外推广是网店每期均需完成的工作。

媒体影响力是指一种商品在某种媒体的影响下获得该媒体的影响力度。品牌人群通过媒体影响力引流。卖家只要中标站外推广媒体，流量就进入 B 店，从而获得成交机会。

媒体影响力取决于"影响力度"指标，中标的卖家获得相应媒体的影响力度。在每个经营期，网店在某种商品上可以获得的媒体最大影响力度组合，包括百度（排名第一为 20）、网络广告联盟（微博为 7，微信为 8，论坛为 6）、央视（黄金时段为 40，午间时段为 12，晚间时段为 6），合计 99，约占总媒体影响力度（193）的 51.3%，如表 3-5 所示。

表 3-5　媒体基本信息

媒体	媒体时段	中标类型	影响力度	单组单期 最大影响力度组合	最低投放额度
百度	排名第一	排序中标	20	20	5
	排名第二		18	—	5
	排名第三		15	—	5
	排名第四		13	—	5
	排名第五		11	—	5
	排名第六		10	—	5
	排名第七		9	—	5
	排名第八		7	—	5
	排名第九		6	—	5
	排名第十		5	—	5
网络广告联盟	微博	价高者获得	7	7	5
	微信		8	8	5
	论坛		6	6	5
央视	黄金时段	价高者获得	40	40	5
	午间时段		12	12	5
	晚间时段		6	6	5
单期合计			193	99	

二、站外媒体投放

投标时，需要支付相应的投标保证金。除百度推广外，投标价高者中标，未中标则退回所有保证金。百度推广会有 10 个卖家中标，并根据投标价高低排名。

站外媒体中标的卖家获得媒体影响力度后，能提高注重品牌人群成交指数，提升网店注重品牌人群成交百分比，即提高获得订单的概率。需要注意的是，未中标站外媒体的卖家将无法获得注重品牌人群的成交订单，即站外引流失败。卖家需要分析各媒体的影响力度和最低投放额度，根据网店的经营状况和营销策略选择合适的媒体进行推广，争取中标。

根据营销活动计划，卖家可以设置站外推广活动，如图 3-66 所示。具体包括添加、删除、编辑、递交投标和跳过操作。

卖家根据网店制定的媒体投标方案，单击"添加"按钮，增加新的媒体投标方案。媒体投放按照商品进行，中标的媒体影响力只对投标商品有效。卖家可以通过单击"删除"按钮删除整个媒体投标方案，或者选择部分删除；也可以通过单击"编辑"按钮为需要调整媒体投放的商品修改推广方式和投标价格。完成媒体投放添加操作后，卖家可以单击"递交投标"按钮，提交媒体投标方案；如果网店不需要媒体投放，则单击"跳过"按钮，放弃当期站外推广。B 店完成筹建后，才能进行站外推广，在此之前无须做站外推广，此时可选择跳过站外推广。

图 3-66　设置站外推广

站外推广的操作步骤如下。

1. 添加站外推广

步骤 1：单击系统窗口左侧的"工作流程"|"站外推广"项，打开"站外推广"页面。

步骤 2：单击"添加"按钮，打开"站外推广"页面，如图 3-67 所示。

步骤 3：选择推广商品和推广方式，设置投标价格。单击"保存"按钮，系统提示"添加成功！"。单击"确定"按钮，完成一条站外推广的添加。

重复执行步骤 3，直到需要添加的站外推广添加完成。

2. 修改站外推广

步骤 1：单击系统窗口左侧的"工作流程"|"站外推广"项，打开"站外推广"页面。

步骤 2：选择需要修改的站外推广活动，被选中的站外推广活动背景色变为黄色。单击"编辑"按钮，打开"站外推广"页面，如图 3-68 所示。

图 3-67　添加站外推广

图 3-68　修改站外推广

步骤 3：选择推广商品和推广方式，设置投标价格。单击"保存"按钮，系统提示"修改成功！"。单击"确定"按钮，完成一条站外推广的修改。

重复执行步骤 3，直到需要修改的站外推广活动修改完成。

3. 删除站外推广

（1）批量删除。

步骤 1：单击系统窗口左侧的"工作流程"|"站外推广"项，打开"站外推广"页面。选择需要删除的站外推广，被选中的站外推广背景色变为黄色。单击"删除"按钮，系统提示"您确定要删除吗？"，如图 3-69 所示。

图 3-69 站外推广批量删除提示

步骤 2：单击"确定"按钮，系统提示"删除成功！"。单击"确定"按钮，完成站外推广批量删除操作。如果在单击"确定"按钮前还想修改媒体信息，则单击"取消"按钮，修改站外推广。如果还需要进行站外推广批量删除，可重复执行步骤 2。

（2）单条删除。

步骤 1：单击系统窗口左侧的"工作流程"|"站外推广"项，打开"站外推广"页面。

步骤 2：选择需要删除的站外推广，被选中的站外推广背景色变为黄色，如图 3-70 所示。单击"删除"按钮，系统提示"您确定要删除吗？"。

图 3-70 站外推广单条删除

步骤 3：单击"确定"按钮，系统提示"删除成功！"。单击"确定"按钮，完成商品单条站外推广的删除。

重复执行步骤 3，直到需要删除的站外推广删除完成。

4. 站外推广投标

步骤 1：单击系统窗口左侧的"工作流程"|"站外推广"项，打开"站外推广"页面。

步骤 2：单击"递交投标"按钮，系统提示"确定站外推广投标方案吗？每期只能投标一次！"，如图 3-71 所示。

步骤 3：单击"确定"按钮，系统提示"站外推广投标保证金：15"（以项链为例）。单击"确定"按钮，完成商品站外推广投标。

图 3-71 站外推广投标提示

5. 站外推广跳过

如果网店没有站外推广需求，卖家可以不制订站外推广投标方案，直接选择跳过。另外，在 B 店筹建完成之前，卖家必须在站外媒体推广阶段选择跳过。

步骤 1：单击系统窗口左侧的"工作流程"|"站外推广"项，打开"站外推广"页面。

步骤 2：单击"跳过"按钮，系统提示"确定站外推广投标方案吗？每期只能投标一次！"，如图 3-72 所示。单击"确定"按钮，系统提示"跳过站外推广投标成功！"。单击"确定"按钮，完成站外推广跳过。

图 3-72 站外推广跳过提示

从结束"采购投标"到结束"站外推广"有时间限制。在操作时要注意系统右上角的倒计时，尽量在规定的时间内完成这一阶段的所有操作。

思考与探究

模块内容：	学号：	姓名：	班级：	年　月　日

1. 你对网店经营的本质，及其生存、发展和盈利有何认知？

2. 你对 13 种商品的生命周期有何认知？你将如何利用这一点提高自己经营网店的能力？

3. 如何利用 SEO 优化获取免费流量？

4. 如何通过 SEM 推广提高转化率？

5. 掌握 4 类消费人群的成交规律，利用促销手段提高其购买欲望。对此你是怎么理解的？

6. 教师的授课方法对你的学习是否有帮助？

7. 你需要进一步了解或得到解答的问题是什么？

8. 为了更好地教与学，你有何建议？

项目四

网店运营

项目导学

经营沙盘，开阔思维。
体验职位，放飞梦想。
亲力亲为，知错能进。
换位思考，合作进取。
你若不坚强，没人帮你分担。
你若不努力，没人给你让路。
使我痛苦者，必使我强大。

任务一　订单管理

任务目标

1. 能够根据网店运营情况选择合适的订单分发方式。
2. 能够根据订单的到达城市选择合适的配送中心发货。
3. 能够根据订单的到货期限合理安排货物出库顺序。
4. 能够及时进行货物签收。
5. 具备系统思考和独立思考能力。
6. 明白电子商务中懂规则的重要性。

任务分析

　　站外推广结束后，需对本期获得的订单进行整理、分类，根据订单中商品的到达城市，选择合适的配送中心，设置好物流方式；根据商品到货期限和库存，合理安排商品出库。当买家收到货后，卖家需要及时进行货物签收工作，确保资金及时回流。

　　在电商沙盘系统结束站外推广后，系统会根据各网店的商品发布情况和推广方案进行订单的分发，生成各网店的订单信息，这时卖家就可以进入运营阶段了。电商沙盘系统的运营主要是指订单管理，包括订单分发、物流选择、货物出库和货物签收 4 个模块。

一、订单分发

　　在电商沙盘系统中，订单分发是指卖家对订单进行整理、分类后，根据商品的到达城市，选择合适的配送中心准备出库，分为手动分发和自动分发两种。订单分发是网店运营过程中的重要操作，订单处理得当不仅可以提高资金周转率，还可以尽可能地减小退单给网店带来的不利影响。

　　根据网店物流计划，卖家可以进行订单分发操作，如图 4-1 所示。具体包括订单分类查询、订单统计、配送中心信息查询、订单发布等操作。

　　卖家可以从订单分发页面了解网店的订单总数、到货期限、销售额、优惠金额及受订时间等。从图 4-1 可知，该网店订单的产生时间是第 1 轮第 1 期，包含 8 个正常购买订单和 8 个团购订单，有 7 个订单的到货期限为 1，当期的销售额为 3477.92，优惠金额为 74.44，则交货后可以收款 3403.48。卖家根据订单信息，结合库存情况，通过订单分发对订单进行分类处理，提高资金周转率，降低退单率。

图 4-1　订单分发

（一）订单分类查询

卖家可以根据商品、到达城市、物流方式和订单类型分类查询订单信息。以根据订单类型查询为例，操作步骤如下。

步骤 1：单击系统窗口左侧的"工作流程"|"订单分发"项，打开"订单分发"页面。

步骤 2：在"订单类型"下拉列表中选择正常购买、套餐订单、秒杀和团购 4 种中的一种，如图 4-2 所示。单击"查询"按钮，查看订单。

图 4-2　订单分发—订单查询（排序前）

卖家可以单击到货期限、销售额、受订时间等内容进行排名查询，如图 4-3 所示；也可以双击某个订单，查看该订单的明细，如图 4-4 所示。

图 4-3　订单分发—订单查询（排序后）

图 4-4　查看订单明细

　　卖家可依据订单统计信息、订单明细和到货期限，结合库存情况制定订单分发方案。在库存允许的情况下，优先处理到货期限为 1 的订单。

（二）订单统计

1. 订单自动统计

　　步骤 1：单击系统窗口左侧的"工作流程"|"订单分发"项，打开"订单分发"页面。

　　步骤 2：单击"订单统计"按钮，系统按照商品名和城市名称统计商品订单合计数量、平均价格和合计金额，如图 4-5 所示。这里只统计当期的订单数量。

图 4-5　订单统计信息

2. 订单手动统计

步骤 1：单击系统窗口左侧的"工作流程"|"订单分发"项，打开"订单分发"页面。

步骤 2：在"商品"下拉列表中选择需要查询的商品（以项链为例），单击"查询"按钮，查看订单信息，可以查询到商品的到达城市、到货期限、销售额、优惠金额、要求物流和受订时间等信息，如图 4-6 所示。如果要查询商品的数量统计信息，则执行步骤 3。

图 4-6　按商品查询订单

步骤 3：双击订单，查看该订单的明细，查询订单商品数量。

如果有多个订单，可重复执行步骤 3，手动汇总订单商品数量。

（三）配送中心信息查询

步骤 1：单击系统窗口左侧的"工作流程"|"订单分发"项，打开"订单分发"页面。

步骤 2：单击"配送中心信息"按钮，打开"查看配送中心信息"页面，如图 4-7 所示。在该页面可以查询到目前网店只设立了一个沈阳市配送中心，还有配送中心内的商品和库存数量等信息。

	商品	配送中心	库存数量	平均进价	总成本
1	桌子	沈阳市配送中心	16	14.02	224.32
2	油烟机	沈阳市配送中心	28	8.01	224.28
3	项链	沈阳市配送中心	12	20.68	248.16
4	裤子	沈阳市配送中心	150	2.01	301.5
	合计		206		998.26

图 4-7　查看配送中心信息

（四）订单发布

1. 手动分发订单

手动分发需要卖家为每个订单选择货物出库的配送中心，操作步骤如下。

步骤 1：单击系统窗口左侧的"工作流程"|"订单分发"项，打开"订单分发"页

面。选择需要分发的订单（选择一个订单或同一种商品的订单），被选中的订单背景色变为黄色。

步骤 2：单击"订单分发"按钮，如图 4-8 所示，打开"配送中心信息列表"页面。单击要出库的配送中心（以沈阳市配送中心为例），如图 4-9 所示。单击"确定分发"按钮，系统提示"处理完成！"。单击"确定"按钮，返回"订单分发"页面。

图 4-8　手动分发订单

图 4-9　配送中心信息列表

如果还需手动分发订单，可重复执行步骤 2。

2. 自动分发订单

自动分发按照订单的顺序，根据配送中心已设定好的配送范围，自动选择货物出库的配送中心。自动分发又可以分为分批自动分发和全部自动分发。

（1）分批自动分发，操作步骤如下。

步骤 1：单击系统窗口左侧的"工作流程"|"订单分发"项，打开"订单分发"页面。选择需要分发的订单，被选中的订单背景色变为黄色，如图 4-10 所示。

步骤 2：单击"分批自动分发"按钮，系统提示"处理成功"。单击"确定"按钮，返回"订单分发"页面。如果还需分批自动分发订单，可重复执行步骤 2。

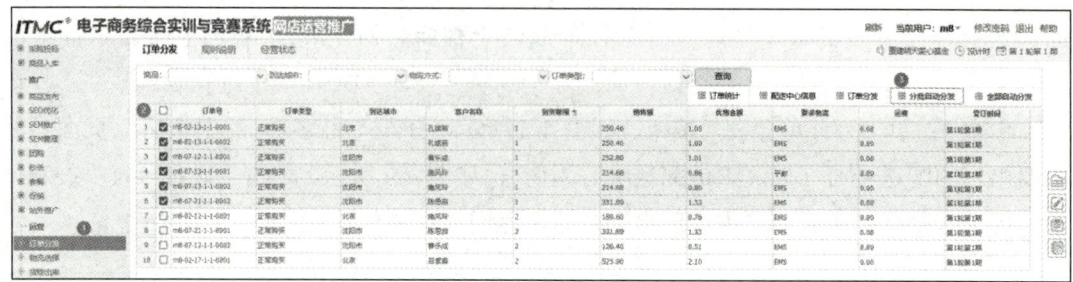

图 4-10　分批自动分发

（2）全部自动分发，操作步骤如下。

步骤 1：单击系统窗口左侧的"工作流程"｜"订单分发"项，打开"订单分发"页面。单击"全部自动分发"按钮，如图 4-11 所示，系统提示"您确定要把全部订单自动分发吗？"，如图 4-12 所示。

图 4-11　全部自动分发

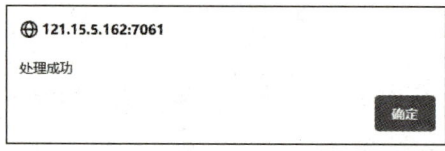

图 4-12　全部自动分发提示

步骤 2：单击"确定"按钮，系统提示"处理成功"。单击"确定"按钮，返回"订单分发"页面。注意，此操作不可逆。卖家在单击"确定"按钮前，如果不想全部自动分发，那么可以单击"取消"按钮。

二、物流选择

在电商沙盘系统中，物流选择是指对已经分发完毕的订单进行物流方式的分配和选择，做好货物出库前的物流准备工作，分为手动安排和自动安排两种。

物流公司有 EMS、蚂蚁快递和平邮。选择同一种物流方式，交易达到一定数量和金额后，就可以享受折扣，如表 4-1 所示。

表 4-1 物流折扣

物流公司名称	最少交易次数	最少交易金额	享受折扣
EMS	12	50	9
蚂蚁快递	20	80	7
平邮	15	70	5

根据网店物流计划，卖家可以进行物流选择，如图 4-13 所示。具体包括订单分类查询、订单统计、配送中心信息查询、安排物流等操作。

图 4-13 物流选择

（一）订单分类查询

卖家可以依据商品、到达城市、物流方式分类查询订单信息。卖家还可以查询不同时期商品销售的总数据。以根据商品查询为例，操作步骤如下。

步骤 1：单击系统窗口左侧的"工作流程"|"物流选择"项，打开"物流选择"页面，如图 4-14 所示。

图 4-14 物流选择—订单查询（排序前）

步骤 2：在"商品"下拉列表中选择网店售卖商品中的一种，单击"查询"按钮，查看订单。卖家可以单击到货期限、销售额、受订时间等内容进行排名查询，如图 4-15 所示。

图 4-15　物流选择—订单查询（排序后）

卖家可依据订单统计信息、订单明细和到货期限，结合网店经营情况制定物流选择方案。在库存允许的情况下，优先处理到货期限为 1 的订单。

卖家也可以双击某个订单，查看该订单的明细，如图 4-16 所示。

商品	数量	价格	是否秒杀	是否保修	订单类型	商家编号
项链	6	87.66	False	True	正常购买	

图 4-16　查看订单明细

（二）订单统计

1. 订单自动统计

步骤 1：单击系统窗口左侧的"工作流程"|"物流选择"项，打开"物流选择"页面。

步骤 2：单击"订单统计"按钮，系统按照商品名和城市名称统计商品订单合计数量、平均价格和合计金额，如图 4-17 所示。这里只统计当期的订单数量。

	商品名	城市名称	合计数量	平均价格	合计金额
1	桌子	北京	3	63.20	189.60
2	油烟机	北京	14	35.78	500.92
3	项链	北京	15	87.66	1314.90
4	桌子	沈阳市	6	63.20	379.20
5	油烟机	沈阳市	12	35.78	429.36
6	裤子	沈阳市	78	8.51	663.78
		合计	128		3477.76

图 4-17　订单统计信息

2. 订单手动统计

步骤 1：单击系统窗口左侧的"工作流程"|"物流选择"项，打开"物流选择"页面。

步骤 2：在"商品"下拉列表中选择需要查询的商品（以项链为例），单击"查询"按钮，查看订单信息，可以查询到商品的到达城市、到货期限、销售额、优惠金额、要求物流和受订时间等信息，如图 4-18 所示。如果要查询商品的数量统计信息，则执行步骤 3。

图 4-18　按商品查询订单

步骤 3：双击订单，查看该订单的明细，查询订单商品数量。

如果有多个订单，重复执行步骤 3，手动汇总订单商品数量。

（三）配送中心信息查询

步骤 1：单击系统窗口左侧的"工作流程"|"物流选择"项，打开"物流选择"页面。

步骤 2：单击"配送中心信息"按钮，打开"查看配送中心信息"页面，如图 4-19 所示。在该页面可以查询到目前网店只设立了一个沈阳市配送中心，还有配送中心内的商品和库存数量等信息。

图 4-19　查看配送中心信息

（四）安排物流

1. 手动安排物流

手动安排物流需要卖家为每个订单选择物流，操作步骤如下。

步骤 1：单击系统窗口左侧的"工作流程"|"物流选择"项，打开"物流选择"页面。选择需要分发的订单（选择一个订单或同一种商品的订单），被选中的订单背景色变为黄色，如图 4-20 所示。

图 4-20　手动安排物流

步骤 2：单击"安排物流"按钮，打开"物流列表"页面，如图 4-21 所示。选择物流方式，单击"选择物流"按钮，返回"物流选择"页面。

图 4-21　物流列表

如果还需手动安排物流，可重复执行步骤 2。在这里还可进行物流折扣和物流信息的查询。

2. 自动安排物流

自动安排物流是指按照配送中心已设定好的物流方式自动安排物流方式。自动安排又可以分为分批自动安排和全部自动安排。

（1）分批自动安排，操作步骤如下。

步骤 1：单击系统窗口左侧的"工作流程"|"物流选择"项，打开"物流选择"页面。

步骤 2：选择需要分发的订单，被选中的订单背景色变为黄色。单击"分批自动安排"按钮，如图 4-22 所示，系统提示"处理成功"。单击"确定"按钮，返回"物流选择"页面。

图 4-22　分批自动安排

如果还需分批自动安排物流，可重复执行步骤 2。

（2）全部自动安排，操作步骤如下。

步骤 1：单击系统窗口左侧的"工作流程"|"物流选择"项，打开"物流选择"页面。

步骤 2：单击"全部自动安排"按钮，如图 4-23 所示，系统提示"您确定要把全部订单自动安排物流吗?"，如图 4-24 所示。单击"确定"按钮，系统提示"处理成功"。单击"确定"按钮，返回"物流选择"页面。

图 4-23　全部自动安排

图 4-24　全部自动安排提示

注意，此操作不可逆。卖家在单击"确定"按钮前，如果不想全部自动安排，那么可以单击"取消"按钮。

三、货物出库

在电商沙盘系统中，货物出库是指卖家根据订单的到货期限，合理安排商品出库，分为分批出库和全部出库两种。

物流公司有 EMS、蚂蚁快递和平邮，单位运输量是 5 件，每单不到 5 件按 5 件计算运费，超过 5 件的部分单独计算运费，如表 4-2 所示。

表 4-2　运费费率表

物流公司名称	单位运价	单件加价	备注
EMS	1.2	0.192	距离为 1 时的运价标准
蚂蚁快递	1.8	0.288	
平邮	0.6	0.096	

运费=1×单位运价×距离+（订单的商品数-5）×单件加价×距离

练一练

　　有一个从沈阳发往北京的订单，商品是油烟机，数量是 6，该支付多少运费？（遵循四舍五入原则，保留两位小数）

　　根据网店物流计划，卖家可以进行货物出库操作，如图 4-25 所示。具体包括订单分类查询、订单统计、配送中心信息查询、出库、修改出库仓库和修改物流方式等操作。

图 4-25　货物出库

（一）订单分类查询

　　步骤 1：单击系统窗口左侧的"工作流程"|"货物出库"项，打开"货物出库"页面。

　　步骤 2：在"到达城市"下拉列表中选择网店到达城市中的一个，单击"查询"按钮，查看订单，如图 4-26 所示。

图 4-26　货物出库—订单查询（排序前）

　　卖家可以单击到货期限、销售额、受订时间等内容进行排名查询，如图 4-27 所示；也可以双击某个订单，查看该订单的明细，如图 4-28 所示。

图 4-27　货物出库—订单查询（排序后）

图 4-28　查看订单明细

（二）订单统计

1. 订单自动统计

步骤 1：单击系统窗口左侧的"工作流程"|"货物出库"项，打开"货物出库"页面。

步骤 2：单击"订单统计"按钮，系统按照商品名和城市名称统计商品订单合计数量、平均价格和合计金额，如图 4-29 所示。这里只统计当期的订单数量。

图 4-29　订单统计信息

2. 订单手动统计

步骤 1：单击系统窗口左侧的"工作流程"|"货物出库"项，打开"货物出库"页面。

步骤 2：双击订单，查看该订单的明细，查询订单商品数量。

如果有多个订单，可重复执行步骤 2，手动汇总订单商品数量。

（三）配送中心信息查询

步骤 1：单击系统窗口左侧的"工作流程"|"货物出库"项，打开"货物出库"页面。

步骤 2：单击"配送中心信息"按钮，打开"查看配送中心信息"页面，如图 4-30 所示。在该页面可以查询到目前网店只设立了一个沈阳市配送中心，还有配送中心内的商品和库存数量等信息。

	商品	配送中心	库存数量	平均进价	总成本
1	凳子	沈阳市配送中心	16	14.02	224.32
2	油烟机	沈阳市配送中心	28	8.01	224.28
3	项链	沈阳市配送中心	12	20.68	248.16
4	裤子	沈阳市配送中心	150	2.01	301.5
	合计		206		998.26

图 4-30　查看配送中心信息

货物出库时，系统会按照物流路线信息自动支付物流公司的实际运费。如果网店资金不足以支付运费，那么欠费的订单将不能完成货物出库，需要补足运费后重新出库。如果当前配送中心库存不足，那么可以进行库存调拨后再出库，或者改由库存充足的配送中心发货。如果调拨后库存还不足，那么这些缺货的订单本期将不能完成货物出库，有被退单的风险。

（四）出库

1. 分批出库

分批出库需要卖家手动选择需要出库的订单，操作步骤如下。

步骤 1：单击系统窗口左侧的"工作流程"|"货物出库"项，打开"货物出库"页面。

步骤 2：选择需要出库的订单，被选中的订单背景色变为黄色。单击"分批出库"按钮，如图 4-31 所示，系统提示"您确定要出库吗?"。单击"确定"按钮，系统提示"订单出库成功！支付费用：××××"，如图 4-32 所示。单击"确定"按钮，返回"货物出库"页面。

图 4-31　分批出库

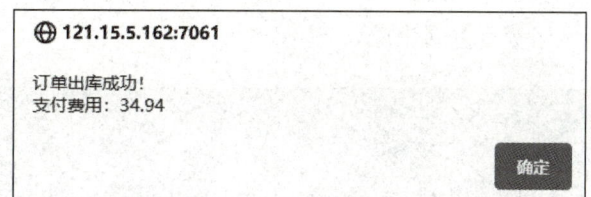

图 4-32　分批出库提示

如果还需分批出库订单，可重复执行步骤 2。

出库完成后，系统自动结算运费。

2. 全部出库

全部出库可以完成订单的一键出库，并自动结算运费，操作步骤如下。

步骤 1：单击系统窗口左侧的"工作流程"|"货物出库"项，打开"货物出库"页面。

步骤 2：单击"全部出库"按钮，如图 4-33 所示，系统提示"您确定要把全部订单出库吗？"。单击"确定"按钮，系统提示"处理成功"，如图 4-34 所示。单击"确定"按钮，返回"货物出库"页面。

图 4-33　全部出库

图 4-34　全部出库提示

如果系统提示"订单：m8-02-17-1-1-0001 库存不足"，如图 4-35 所示，可以通过库存调拨，修改出库仓库，或者下期经营过程中补足欠货后，再进行出库操作。这些缺货的订单本期不能完成出库，有被退单的风险。如果系统提示"订单：m8-07-21-1-1-0001 资金不足！"，如图 4-35 所示，即网店资金不足以支付运费，那么欠费的订单不能完成出库，需要补足运费后重新出库。

图 4-35　库存不足或资金不足不能出库

（五）修改出库仓库

步骤 1：单击系统窗口左侧的"工作流程"|"货物出库"项，打开"货物出库"页面。

步骤 2：选择需要修改出库仓库的订单，被选中的订单背景色变为黄色。单击"修改出库仓库"按钮，打开"配送中心信息列表"页面，如图 4-36 所示。

图 4-36　修改出库仓库

步骤 3：选择与步骤 2 中不同的配送中心（原来是沈阳市配送中心，现在改为石家庄配送中心），单击"确定分发"按钮，系统提示"处理完成"。单击"确定"按钮，返回"货物出库"页面。

（六）修改物流方式

步骤 1：单击系统窗口左侧的"工作流程"|"货物出库"项，打开"货物出库"页面。

步骤 2：选择需要修改物流方式的订单，被选中的订单背景色变为黄色。单击"修改物流方式"按钮，如图 4-37 所示，打开"物流列表"页面，如图 4-38 所示。

图 4-37　修改物流方式

图 4-38　物流列表

步骤 3：选择需要的物流方式，被选中的物流方式背景色变为黄色。单击"选择物流"按钮，修改完成，如图 4-39 所示。

图 4-39　修改物流方式成功

四、货物签收

在电商沙盘系统中，货物签收是指卖家根据不同物流方式的运输周期，对在订单要求的到货期限之前到达的订单，由运营主管替买家签收，签收后货款直接到账。如果未在订单要求的到货期限之前到达，那么买家将拒绝签收。买家退货，运费由卖家承担，并影响卖家的企业信誉度和商品评价。如果在买家要求的到货期限满后仍未发货，那么对卖家的企业信誉度和商品评价造成的影响更大。在电商沙盘系统中，货物签收包括确认签收和结束签收两种操作。

（一）确认签收

卖家根据订单送达情况，进行确认签收，操作步骤如下。

步骤 1：单击系统窗口左侧的"工作流程"|"货物签收"项，打开"货物签收"页面，如图 4-40 所示。

图 4-40　确认签收

步骤 2：单击"确认签收"按钮，系统提示"您确定要把全部签收吗?"。单击"确定"按钮，系统提示"订单到达签收成功；获得现金：××××"，如图 4-41 所示。单击"确定"按钮，返回"货物签收"页面。

图 4-41　确认签收提示

货物签收后，网店的现金会增加，增加的金额为确认签收订单的金额之和。如果网店现金不足，货物出库的运费无法支付，那么可以先确认签收订单，再进行货物出库操作。卖家确认签收所有订单后，需要结束货物签收工作。

（二）结束签收

货物签收过程中，卖家除了可以先进行确认签收，再进行结束签收，还可以直接结束签收，完成货物签收工作。结束签收是网店每期均需完成的工作，操作步骤如下。

步骤 1：单击系统窗口左侧的"工作流程"|"货物签收"项，打开"货物签收"页面。

步骤 2：单击"结束签收"按钮，如图 4-42 所示，系统提示"您确定要结束签收吗？结束签收后将不能再执行客户签收。"单击"确定"按钮，系统提示"签收成功！"，如图 4-43 所示。单击"确定"按钮，完成签收工作。

图 4-42　结束签收

图 4-43　结束签收提示

如果系统提示"未出库订单：××××退货"，单击"确定"按钮，完成签收工作，说明卖家有退货产生。

卖家如果想跳过"确认签收"，直接进行"结束签收"操作，那么单击"结束签收"按钮，系统提示"订单到达签收成功；获得现金：××××"。单击"确定"按钮，完成签收工作。

任务二　财务结算

 任务目标

1. 能够根据网店运营情况进行融资管理。

2. 能够熟练掌握各种融资方式的还本付息方法。

3. 能够合理安排资金来支付每期的各项费用。

4. 具备严谨、实事求是的工作态度。

任务分析

　　财务管理是经营网店必不可少的环节，网店无论是否获得盈利都需按时支付工资和相关费用。随着网店运营的开展，网店不可避免地会遇到资金问题，此时需要根据情况采取适当的融资方式。

　　网店需要在每期解决好应收账款/应付账款、短期借款/还本付息、长期借款/还本付息、支付工资、支付相关费用、缴税等问题，之后才会被允许进入下一期，或者关账进入下一轮。

一、贷款处理

（一）应收账款/应付账款

　　应收账款包括由购买单位或接受劳务单位负担的税金、代买方垫付的各种运杂费等，这是伴随企业的销售行为发生而形成的债权。在电商沙盘系统中，网店在资金运转中需要接收的应收账款主要是签收时账期非 0（为 1 期及 1 期以上）的销售额。应付账款包括由买方负担的手续费和佣金等，是买卖双方在购销活动中由于取得物资与支付货款在时间上的不一致而产生的债务。在电商沙盘系统中，网店在资金运转中需要支付的应付账款主要是采购时享受账期非 0 的购买额。采购时享受账期非 0，即采购投标时若满足供应商的促销方式，就会享受供应商给予的账期优惠，并出现应付账款。也就是说，可以先拿货，再在账期满时支付应付账款。应收账款/应付账款核算内容及操作方向如表 4-3 所示。

表 4-3　应收账款/应付账款核算内容及操作方向

科目名称	核算内容	操作方向
应收账款	签收时账期非 0	接收
应付账款	采购时享受账期非 0	支付

　　电商沙盘系统已设置货物签收后销售额立刻到账，没有账期，采购时，不论采用哪种采购促销方式，享受账期都是 0，即采购中标后立刻支付采购款。因此无须考虑应收账款/应付账款，但是此步骤不能忽略，需要单击"应收账款/应付账款"按钮，然后进行后续操作，否则系统会提示"应收账款/应付账款操作没有完成！不允许进行该操作！"。

网店每期均需更新应收账款/应付账款的账期，并接收/支付本期到期的应收账款/应付账款。

应收账款/应付账款的操作步骤如下。

步骤：单击系统窗口左侧的"工作流程"|"应收账款/应付账款"项，打开"应收账款/应付账款"页面，如图 4-44 所示，即完成更新应收账款/应付账款操作。

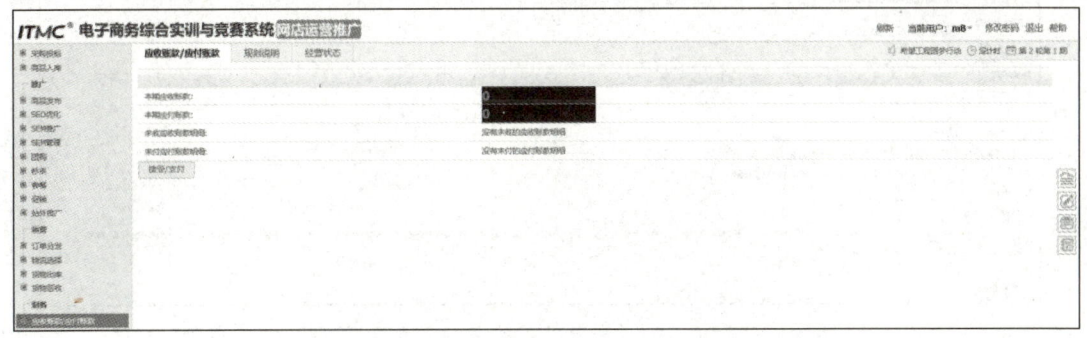

图 4-44　应收账款/应付账款

（二）短期借款/还本付息

在电商沙盘系统中，短期借款是网店运营过程中为解决资金短缺问题而短期借入资金的一种融资方式。

卖家根据网店经营发展需要，考虑资金使用情况，可选择短期借款进行融资。卖家单击"短期借款/还本付息"按钮，选择短期借款方式，在"短期贷款"或"民间融资"处选择贷款额度，然后单击"新贷款"按钮，完成短期借款操作。如果在经营过程中还需要进行短期借款融资，那么只要在贷款额度范围内，在本期任意一个时段都可以重复以上操作完成融资。

1. 贷款额度

短期借款以 100 为基本贷款单位，可借资金为 100 的倍数，限额为上轮所有者权益的 2 倍减去已借短期借款（此处暂不考虑长期借款）。模拟经营开始时，即第 1 轮第 1 期所有者权益为 500，还没有借款，此时贷款额度为 1000。除了可以在"短期借款/还本付息"选项下查看所有者权益这一指标的数值，还可以在"经营分析"模块下的"财务报表"页面中查询。

最大贷款额度（含已贷）= 权益×贷款权益倍数
贷款额度贷款基数×倍数（1, 2, 3 …）贷款基数：100
短期贷款额度 = 权益的 2 倍，并能被 100 整除的最大整数 – 已贷贷款
民间融资额度 = 权益的 2 倍，并能被 100 整除的最大整数 – 民间融资已贷款额

练一练

如图 4-45 所示，网店的权益为 500，已贷贷款为 300（已借短期贷款为 300），民间融资额度为 1000（已借民间融资为 1000）。该网店本期还可以借多少短期贷款？

图 4-45　短期借款

2. 贷款时间

短期借款可以在每轮每期的任何时间借出，前提是网店在当轮当期的到期贷款已还本付息，且有贷款额度。

申请新短期贷款的操作步骤如下。

若短期借款未达到可申请的最高额度，网店在每期的任何时间均可以申请新贷款。

步骤 1：单击系统窗口左侧的"工作流程"|"短期借款/还本付息"项，打开"短期借款/还本付息"页面。

如果借款当期存在还款金额，则需先还本付息后才可以继续申请贷款。

步骤 2：在"短期贷款"或"民间融资"下拉列表中选择相应的数值，完成申请新贷款操作，如图 4-46 所示。如果下拉列表数值只有"0"，说明本期短期借款额度已用完。

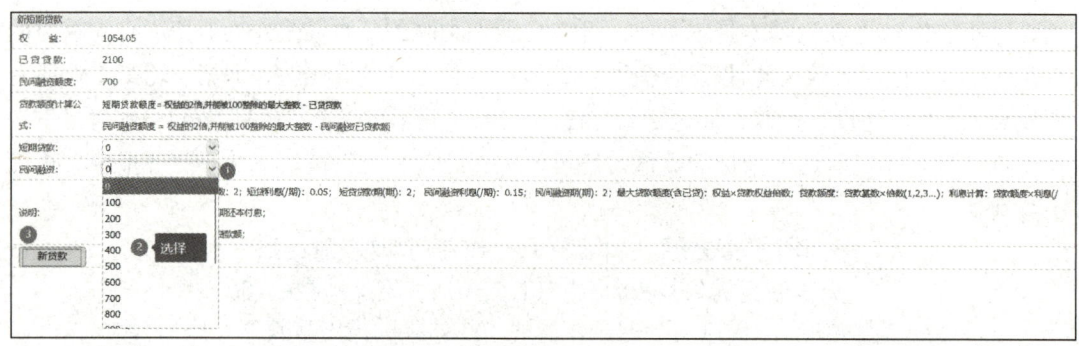

图 4-46　申请新贷款

3. 还款期限

短期借款的还款期限为 2 期，即若在第 1 轮第 1 期借入短期借款，则需要在结束第 2 轮第 1 期时还清本息，否则将无法进入第 2 轮第 2 期，以此类推。系统会在进入下一期后自动更新短期借款数额并将借款账期缩短 1 期。

4. 还款方式

短期借款的还款方式为一次还本付息，即网店借款后无须每期还款，而是在 2 期后一次性归还本金和利息。例如，第 1 轮第 1 期和第 2 期分别借入资金，则需要在第 2 轮第 1 期将第 1 轮第 1 期借入的贷款还本付息。此时，第 1 轮第 2 期借入的贷款可暂不归还，等到第 2 轮第 2 期再还本付息。

短期借款/还本付息的操作步骤如下。

步骤 1：单击系统窗口左侧的"工作流程"|"短期借款/还本付息"项，打开"短期借款/还本付息"页面。

步骤 2：单击"还本付息"按钮，系统提示"短贷还本付息：××××"。单击"确定"按钮，返回"短期借款/还本付息"页面。如果"还本付息"按钮呈灰色，说明没有短期借款，或者短期借款还没有到归还期。

如果当期需还本付息，则只有完成支付后才能进行后续操作。当网店现有账户余额不足以完成还本付息时，网店将破产。

5. 贷款利率

短期贷款和民间融资这两种融资方式的贷款利息不同，短期贷款利息（/期）为 0.05（5%），而民间融资利息（/期）为 0.15（15%），如表 4-4 所示。

表 4-4　短期借款利息

融资方式	规定贷款时间	还贷规定	利息（/期）	贷款期
短期贷款	每期任何时间	到期一次还本付息	0.05（5%）	2 期
民间融资	每期任何时间	到期一次还本付息	0.15（15%）	2 期

（三）长期借款/还本付息

在电商沙盘系统中，长期借款是网店运营过程中为解决资金短缺问题而长期借入资金的一种融资方式。

财务主管更新长期借款账期，支付利息或还本付息，或者获得新贷款。卖家根据网店经营发展需要，考虑资金使用情况，可选择长期借款进行融资。卖家单击"还本付息"按钮，偿还本金和利息（即使没有借长期借款，也需要操作，否则不能进行后续操作），开始新的长期借款。在"长期贷款"处选择贷款额度，单击"新贷款"按钮，完成贷款。

最大贷款额度（含已贷）＝ 权益×贷款权益倍数
贷款额度 ＝ 贷款基数×倍数（1, 2, 3…）贷款基数：100
长期贷款额度 ＝ 权益的 2 倍，并能被 100 整除的最大整数 – 已贷贷款

1. 贷款额度

长期借款以 100 为基本贷款单位，可借资金为 100 的倍数，限额为上轮所有者权益的 2 倍（减去已借短期贷款）减去已借长期贷款。因为短期贷款和长期贷款共享最大贷款额度，所以卖家在融资时需要统筹考虑融资计划。

> 如图 4-45 所示，网店的权益为 500，已贷贷款为 300（已借短期贷款为 300），民间融资额度为 1000（已借民间融资为 1000）。该网店本期还可以借多少长期贷款？

2. 贷款时间

长期借款只有在每轮末才能申请，前提是当轮利息已还，且有贷款额度。如果当轮长期借款到期，则需要还清本金并支付当轮利息，且有贷款额度，才能申请新贷款。

若长期借款未达到可申请的最高额度，网店在每轮第 2 期的任何时间均可申请新贷款。申请新长期贷款的操作步骤如下。

步骤 1：单击系统窗口左侧的"工作流程"|"长期借款/还本付息"项，打开"长期借款/还本付息"页面，如图 4-47 所示。

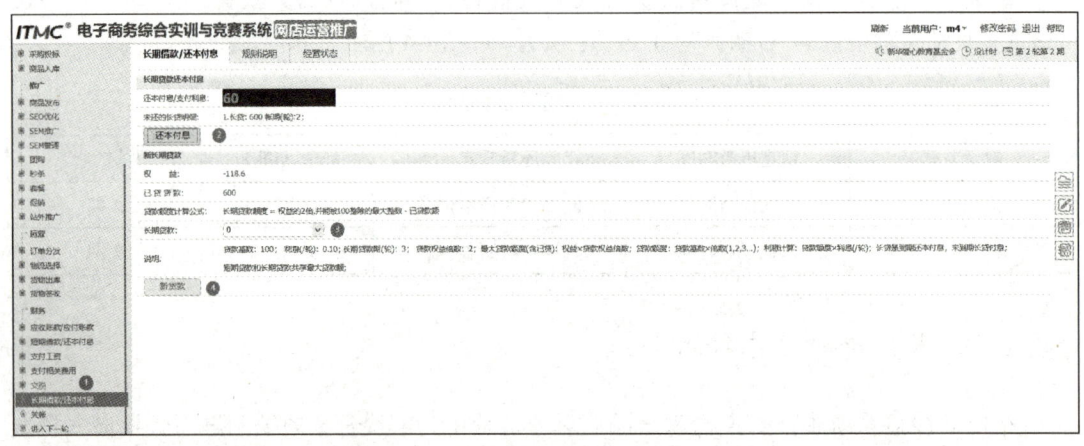

图 4-47 长期借款/还本付息

如果借款当期存在还款金额，则需先还利息后才可以继续申请贷款。

步骤 2：在"长期贷款"下拉列表中选择相应的数值，完成申请新贷款操作。如果下拉列表数值只有"0"，说明本期长期借款额度已用完。

3. 还款期限

长期借款的还款期限为 3 轮，若在第 1 轮第 2 期借入长期借款，则需要在第 2 轮、第 3 轮末付息，在第 4 轮第 2 期末还清本金和剩余利息，否则将无法进入第 5 轮，以此类推。系统会在进入下一轮后自动更新长期借款数额，并将贷款账期缩短 1 轮。

4. 还款方式

长期借款的还款方式为先息后本，即网店在贷款后每轮均需支付当轮的利息，等 3 轮后归还本金和当轮利息。

长期借款/还本付息的操作步骤如下。

步骤 1：单击系统窗口左侧的"工作流程"|"长期借款/还本付息"项，打开"长期借款/还本付息"页面。

步骤 2：单击"还本付息"按钮，系统提示"还本付息/支付利息：××××"。单击"确定"按钮，完成相关操作。如果"还本付息"按钮呈灰色，说明没有长期借款，或者长期借款还没有到付息期。

如果当期需还本付息，则只有完成支付后才能进行后续操作。当网店现有账户余额不足以完成还本付息时，网店将破产。

5. 贷款利率

长期贷款的还款规则是每轮付息，到期还本付息，轮利率为 10%。

二、财务支出

（一）支付工资

工资是指企业依据法律规定、行业规定或根据与员工之间的约定，需以货币形式对员工的劳动所支付的报酬。网店在完成"招贤纳士"任务后，在每期运营结束进入下一期或每轮关账前均需支付工资，操作步骤如下。

步骤 1：单击系统窗口左侧的"工作流程"|"支付工资"项，打开"支付工资"页面，如图 4-48 所示。

步骤 2：单击"支付工资"按钮，系统提示"您确定要支付工资吗？"。单击"确定"按钮，系统提示"支付工资成功！"。单击"确定"按钮，完成工资支付。如果在支付工资的过程中，系统提示"现金不足！"，则需要卖家去融资，还不足的话，网店将破产。

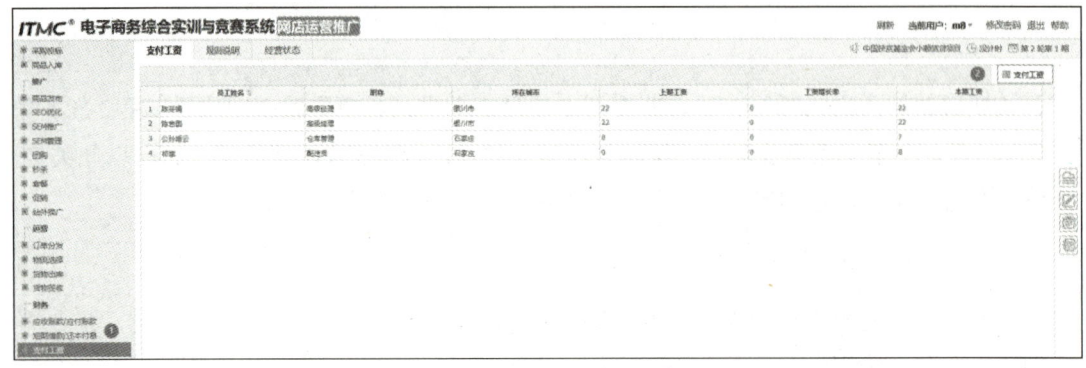

图 4-48　支付工资

（二）支付相关费用

网店在经营过程中常常会遇到各类费用的支出问题，包括租赁费、维修费、售后服务费、库存管理费、行政管理费等。对于相关费用，系统会自动结算，卖家需要按期支付。支付相关费用是网店每期均需完成的工作，操作步骤如下。

步骤 1：单击系统窗口左侧的"工作流程"|"支付相关费用"项，打开"支付相关费用"页面，如图 4-49 所示。

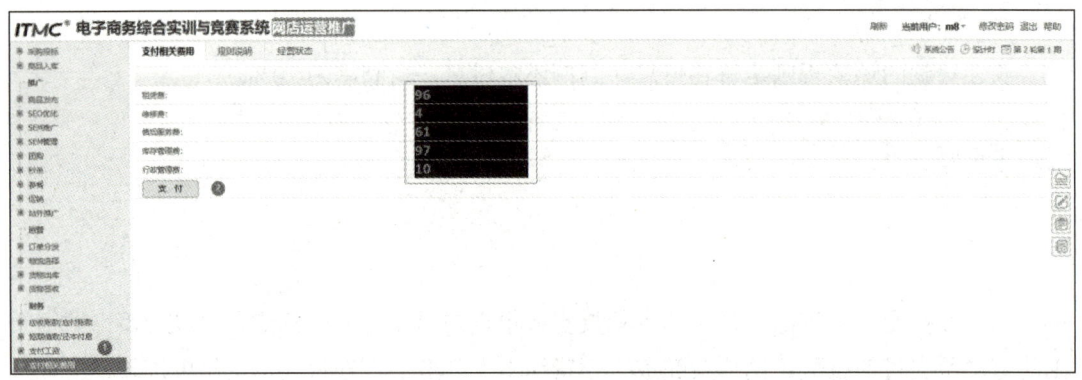

图 4-49　支付相关费用

步骤 2：单击"支付"按钮，系统提示"支付管理费：××××"。单击"确定"按钮，完成支付。如果在支付相关费用的过程中，系统提示"现金不足！"，则需要卖家去融资，还不足的话，网店将破产。

第 1 轮第 1 期的租赁费、维修费在租赁办公场所和配送中心时完成支付。从第 1 轮第 2 期开始，若办公场所或配送中心未进行改建或搬迁，则租赁费、维修费在支付相关费用时一同支付。

1. 租赁费

租赁费是指网店以租赁的方式租入营业用房、运输工具、仓库、低值易耗品、设备等所需支付的费用。网店因租赁办公场所和配送中心，需每期支付租赁费，费用多少根据办公场所类型及租赁配送中心时选择的城市和配送中心类型而定。租赁基本费用汇总如表 4-5 所示。

表 4-5　租赁基本费用汇总

名称	类型	租赁费
办公场所	普通型	96
	豪华型	160
配送中心	小型	32
	中型	36
	大型	40
配送中心	超级小型	96
	超级中型	192
	超级大型	384

2. 维修费

维修费是指企业对固定资产、低值易耗品进行修理等所需支付的费用。网店涉及的维修费主要是办公场所和配送中心的维修费用，费用需按期支付，费用多少根据办公场所类型和配送中心类型而定。维修费汇总如表 4-6 所示。

表 4-6　维修费汇总

名称	类型	维修费
办公场所	普通型	4
	豪华型	8
配送中心	小型	3
	中型	4
	大型	8
	超级小型	12
	超级中型	25
	超级大型	51

3. 售后服务费

在商品出售时选择了售后服务且该商品被卖出时，才会产生售后服务费。每件商品的售后服务费为 0.5，在确认交货后的下一期开始缴纳售后服务费，连续缴纳 3 期。

4. 库存管理费

当仓库中有商品未卖出时，需支付库存管理费。库存管理费汇总如表 4-7 所示。

表 4-7 　库存管理费汇总

商品	库存城市	最低数量	库存管理费	增加一件费用
裤子	全国	10	2	0.2
西装	全国	10	2	0.2
连衣裙	全国	10	2	0.2
桌子	全国	10	2	0.2
床	全国	10	2	0.2
柜子	全国	10	2	0.2
油烟机	全国	10	2	0.2
平板电视	全国	10	2	0.2
热水器	全国	10	2	0.2
空调	全国	10	2	0.2
项链	全国	10	2	0.2
手链	全国	10	2	0.2
戒指	全国	10	2	0.2

5. 行政管理费

每期都需要缴纳行政管理费，费用固定为 10。

（三）缴税

缴税是根据国家各种税法的规定，集体或个人按照一定的比例把一部分所得缴纳给国家的行为。在电商沙盘系统中，网店在完成一轮经营后，在下一轮的第 1 期需要缴纳企业所得税、增值税、城市维护建设税和教育费附加。

网店的财务主管需要在每轮第 1 期（第 1 轮除外）根据利润表缴纳相应的企业所得税。企业所得税的税率为 25%，在计算企业所得税前，税前利润需先弥补前 5 轮的亏损，然后根据税前利润（利润总额）乘以 25% 来缴纳。税费计算方法如表 4-8 所示。

表 4-8　税费计算方法

税种	税率	计算方法	备注
企业所得税	25%	上轮利润总额×企业所得税税率	保留两位小数（四舍五入）
增值税	13%	销售额×增值税税率/（1+增值税税率）−含税成本×增值税税率/（1+增值税税率）	
城市维护建设税	7%	增值税×城市维护建设税税率	
教育费附加	3%	增值税×教育费附加率	

练一练

　　已知上轮销售额为 3113.60，含税成本为 831.44，利润总额为 695.61。分别计算企业所得税、增值税、城市维护建设税和教育费附加。

　　缴税的操作步骤如下。

　　步骤 1：单击系统窗口左侧的"工作流程"|"交税"项，打开"交税"页面，如图 4-50 所示。

图 4-50　缴税

　　步骤 2：单击"交税"按钮，系统提示"交税支付现金：××××"。单击"确定"按

---

① 规范写法为"城市维护建设税"，本书软件截图中为"城建税"。

② 规范写法为"教育费附加"，本书软件截图中为"教育附加"。

钮，完成支付。如果在缴税的过程中，系统提示"现金不足！"，则需要卖家去融资，还不足的话，网店将破产。

三、慈善捐款

在电商沙盘系统中，慈善捐款是卖家在网店运营过程中为提升企业影响力，即综合评价指数，而进行的捐款或资助活动。

通过捐款获得的综合评价指数=卖家社会慈善/市场社会慈善×100

电商沙盘系统内设了养老院集结救助基金、爱心基金、重建明天爱心基金、玉米爱心基金、军嫂爱心基金、新华爱心教育基金会、中国扶贫基金会、中国扶贫基金会小额信贷项目、母婴平安 120 行动项目、希望工程和希望工程圆满行动 11 类慈善项目。

卖家可以单击经营页面右上角小喇叭处的慈善信息提示，如图 4-51 所示。

图 4-51　慈善信息

根据慈善捐款计划，卖家可以为慈善项目捐出一定的金额。系统会不定期地推送慈善项目，一旦有卖家捐赠，系统就会提示"账号为：×××的用户捐助了：××"，如图 4-52 所示。此时，其他卖家就不能通过上面的慈善项目进行捐款了。

图 4-52　慈善捐款后的信息提示

一旦出现上述状况，如果卖家想捐款，那么有两种方式：一是等待系统推送下一条慈善信息；二是单击经营页面右侧的时间列表，根据慈善捐款计划，主动选择合适的慈善项目进行捐款。

四、财务关账

1. 进入下一期

在电商沙盘系统中，网店在完成每轮第 1 期经营后，需要单击"进入下一期"按钮，进入该轮第 2 期的经营。这种操作不可逆，所以卖家需要确保前期操作没有遗漏后再进入下一期的经营，操作步骤如下。

步骤：单击系统窗口左侧的"工作流程"|"进入下一期"项，系统提示"转入下一期成功"，如图 4-53 所示。单击"确定"按钮，进入下一期。如果系统提示"××××操作没有完成！不允许进行该操作！"，不能进入下一期，说明"工作流程"下有任务未完成，请先查看并完成标记为灰色的选项，再进行"进入下一期"操作。

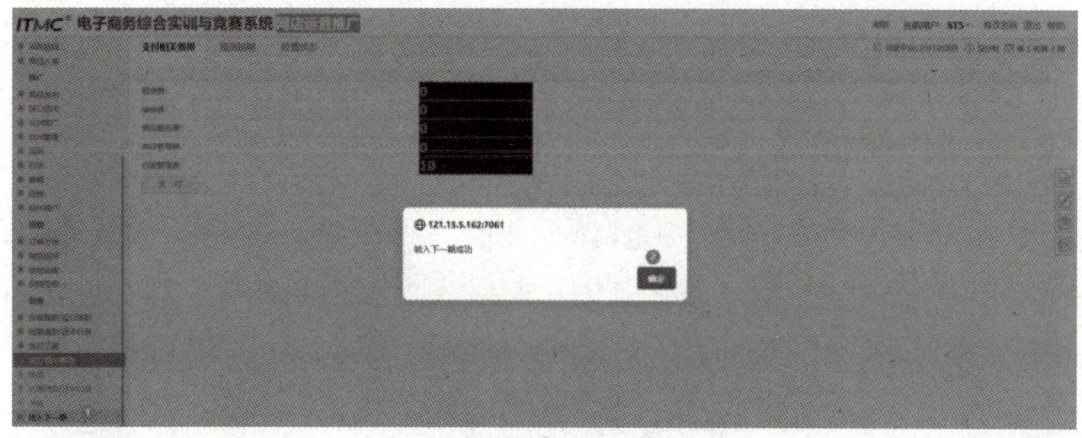

图 4-53　进入下一期

2. 关账

在电商沙盘系统中，每轮经营结束需进行关账，操作步骤如下。

步骤 1：单击系统窗口左侧的"工作流程"|"关账"项，打开"关账"页面，如图 4-54 所示。

图 4-54　关账

步骤 2：单击"关账"按钮，如果系统提示"关账成功！"，单击"确定"按钮，完成关账操作。如果系统提示"××××操作没有完成！不允许进行该操作！"，则需要先完成相关操作后再进行关账。一般来说，"工作流程"下有标记为灰色的选项说明任务未完成，需要先完成相关操作后再进行关账。

网店完成一期的经营后可进入下一期经营；完成两期的经营后，可关账后进入下一轮。关账后，除了"进入下一轮"，本期不能再进行其他操作。

在电商沙盘系统中，网店在完成每轮第 2 期经营且网店的财务主管关账后，需要单击"进入下一轮"按钮，进入下一轮的经营。这种操作不可逆，所以卖家需要确保前期操作没有遗漏后再进入下一轮的经营，操作步骤如下。

步骤：单击系统窗口左侧的"工作流程"|"进入下一轮"项，系统提示"转入下一轮成功"，如图 4-55 所示。单击"确定"按钮，进入下一轮。

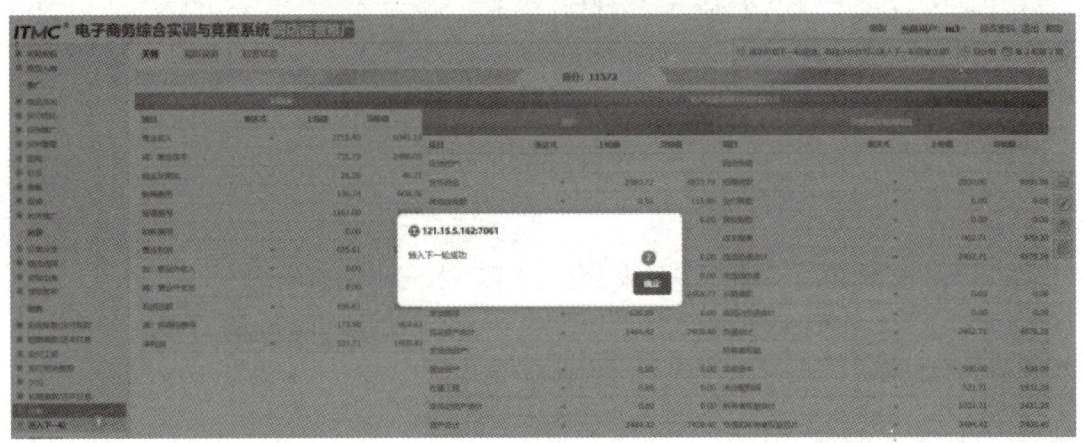

图 4-55　进入下一轮

如果系统提示"本班级不允许进入下一轮"，说明教师端还没有允许进入下一轮，这时需要在教师端设置"允许进入下一轮"。如果系统小喇叭提示"成功开启下一轮征途，各位小伙伴可以进入下一轮征途之旅！"，说明教师端已经允许进入下一轮，如图 4-56 所示。

图 4-56　进入下一轮小喇叭提示

如果系统提示"××××操作没有完成！不允许进行该操作！"，不能进入下一轮，说明"工作流程"下有任务未完成，请先查看并完成标记为灰色的选项，再进行"进入下一轮"操作。

思考与探究

模块内容：	学号：	姓名：	班级：	年 月 日

1. 通过对本模块的学习，你掌握了哪些规则？

2. 在网店经营过程中，你是否遇到过订单不能正常分发的情况？如有，你是如何解决的？

3. 在网店经营过程中，你对物流是如何做出选择的？

4. 在网店经营过程中，你在货物出库阶段有没有遇到问题？如有，你是如何解决的？

5. 在网店经营过程中，你是如何进行融资规划的？

6. 有哪些方法可以减少贷款利息、工资、相关费用、税费？举例说明。

7. 你需要进一步了解或得到解答的问题是什么？

8. 为了更好地教与学，你有何建议？

项目五

网店运营分析

项目导学

经历几轮经营，也许你依然懵懵懂懂，跌跌撞撞。

也许你已经破产，却不知道原因。

也许你能讲出一些道理，但零星散乱。

也许你盈利了，但可能很大程度上归功于运气。

和很多经营者一样，你不知不觉地进入了"哥伦布模式"：

走的时候，不知道去哪里。

到的时候，不知道在哪里。

回来的时候，不知道去过哪里。

让我们一起抽丝剥茧，解析电子商务沙盘模拟经营的奥秘吧！

任务一　财务数据分析

任务目标

1. 能够准确掌握网店的资产、负债及所有者权益状况。
2. 能够对现金流进行优化调整。
3. 能够读懂财务报表，并对网店的融资计划进行优化调整。
4. 具备严谨负责的工作态度。
5. 具备系统思考和独立思考能力。

任务分析

卖家通过对网店财务状况的分析，了解网店的资产、负债及所有者权益状况，并进行比较分析，判断企业能否可持续发展，从而优化网店的经营计划，做到开源节流，增加利润。

一、财务状况分析

（一）资产状况

在电商沙盘系统中，资产指的是流动资产和非流动资产之和。流动资产包括货币资金、其他应收款、应收账款、原材料、在途物资、库存商品和发出商品。非流动资产包括固定资产和在建工程，在电商沙盘系统中不涉及此项内容。

1. 流动资产

在电商沙盘系统中，只要卖家进行货物签收，完成订单交付，货款就立刻到账，所以没有需要收取应收账款的情况。另外，网店采购的商品是成品，付款后商品立刻到库，因此也没有原材料和在途物资这两个项目。那么，流动资产合计公式（流动资产合计=货币资金+其他应收款+应收账款+原材料+在途物资+库存商品+发出商品）可以简化为如下形式：

流动资产合计=货币资金+其他应收款+库存商品+发出商品

（1）货币资金。在电商沙盘系统中，货币资金指的是库存现金，简称现金。卖家可以通过单击系统窗口左侧的"经营状态"|"现金"项查询余额，如图5-1所示。

随着经营的开始，就开始不断地支出或收取现金。卖家可以通过单击系统窗口左侧的

"经营分析" | "现金流量表"项查询现金流量统计信息，可以根据时间（轮）和项目查询现金流量明细信息，如图 5-2 所示，该网店当前剩余现金 104.34。

图 5-1 查询现金余额

图 5-2 现金流量统计和现金流量明细

对企业而言，在一定的条件下，现金比利润更重要，因为现金状况影响企业的生存质量。有些企业虽然在账面上有巨额盈利，却因现金不足而破产倒闭；有些企业虽然在账面上有巨额亏损，却因有足够的现金而得以生存。企业的财务活动就是现金在企业循环和周转的过程，筹资、投资，再筹资、再投资……从起点又回到起点。这不是简单的重复，在这个过程中，企业创造了财富，使企业和其他利益相关者受益，这是一个螺旋上升的循环模式。

在模拟经营中，因为对现金使用不当而导致企业经营困难甚至破产的现象时有发生。发生这些现象的主要原因在于企业没有做好现金预算和财务计划。

以下几种情况经常在模拟经营中出现，说明经营者对现金管理还不太理解。

① 在经营状态中看到现金不少，就比较放心。

② 还有不少现金，可是破产了。

③ 能借钱的时候尽量多借，以免下一轮借不到。

库存现金越多越好吗？错！现金够用的话，反而是越少越好。现金从哪里来？可能是短期贷款、民间融资或长期贷款，都是要付利息的。尽管短期贷款利息最低，但也要 0.05（5%）/期。

下面从现金管理的角度进行分析。

将下一期（轮）经营过程中可能发生的现金流入和流出数额用表格的形式记录，就自然形成了资金预算表，如表 5-1 所示。

表 5-1　每轮资金预算表

序号	请按照顺序执行下列各项操作，在相应空格内填入资金需求计划				
	项目	具体开支目录	表达式	第1期	第2期
期初	期初资金		+		
1	办公场所设立	改建 搬迁 租赁费 建筑维修费	−		
2	配送中心设立	改建 搬迁 租赁费 建筑维修费	−		
3	店铺开设	B 店筹建	−		
4	网店装修	网店装修模板选择	−		
5	采购投标	商品采购	−		
6	SEM 推广	推广保证金（充值）	−		
7	站外推广	媒体推广（投标）	−		
8	货物出库	物流费	−		
9	短期贷款/民间融资	短期借款	+		
	还本付息	利息	−		
10	支付工资	工资	−		
11	支付相关费用	租赁费、维修费、库存管理费、行政管理费	−		
		售后服务费	−		
12	慈善	捐款	−		

续表

| 序号 | 请按照顺序执行下列各项操作，在相应空格内填入资金需求计划 |||||
	项目	具体开支目录	表达式	第 1 期	第 2 期
轮末	缴税	税费	–		
	长期贷款	长期借款	+		
	还本付息	利息	–		
借款需求合计					
经营资金需求合计					

从表 5-1 可以看出，现金是网店日常经营的"血液"，不可以断流。将可能涉及资金流入和流出的业务汇总后，不难发现其基本上涵盖了模拟经营的大部分业务。但在模拟经营过程中，现金流入项目实在是太有限了，为了避免现金流断裂，就必须做好现金预算。现金预算首先需保证企业正常运作，不发生断流，否则就会破产出局；其次要合理安排融资计划，降低现金使用成本；最后应该与销售计划、采购计划、推广计划和物流计划综合规划，既可保证各项计划正常执行，又可防止浪费，如库存积压、站外推广费过高等。同时，如果市场形势、竞争格局发生改变，那么现金预算也必须进行动态调整，以适应变化。现金的合理安排，为网店的正常运转提供了强有力的保障。

（2）其他应收款。在电商沙盘系统中，其他应收款指的是 SEM 推广账户余额，如图 5-3 所示。只要 SEM 推广账户余额大于 0，财务报表中的其他应收款数额就等于 SEM 推广账户余额。当网店现金短缺时，卖家可以通过 SEM 推广账户余额提现来补充现金账户（只能提整数）。

图 5-3　SEM 推广账户余额

（3）库存商品。在电商沙盘系统中，库存商品指的是网店配送中心的库存所占用的资金，即库存商品原来的采购成本。卖家可以通过单击系统窗口左侧的"辅助工具"｜"库存管理"项查询商品库存信息和成本信息，如图 5-4 所示，此时库存商品占用资金为 979.94。

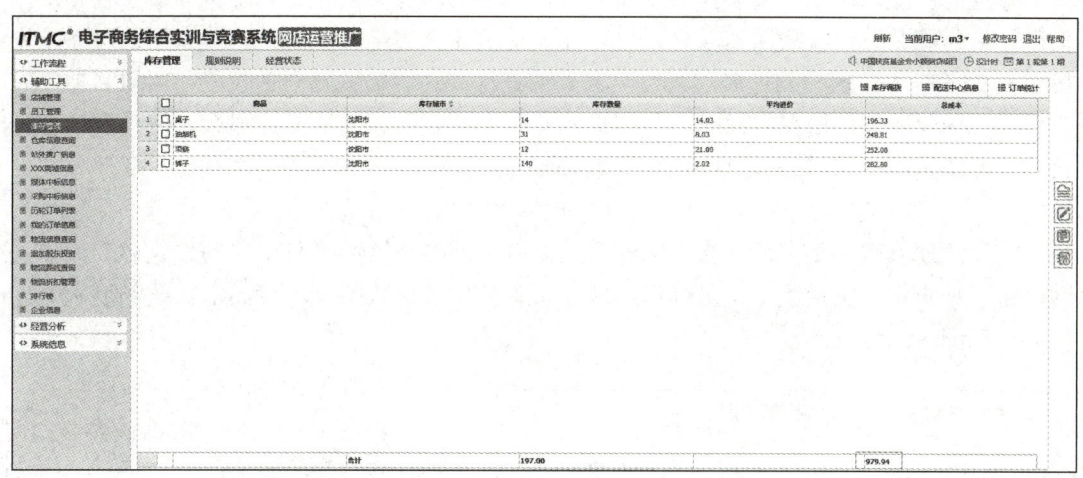

图 5-4　商品库存信息和成本信息

（4）发出商品。在电商沙盘系统中，发出商品指的是网店通过物流给客户发货（商品尚未送达客户，还在路途中），这些商品所占用的资金即在途商品原来的采购成本。即

采购商品资金=库存商品占用资金+发出商品占用资金

如图 5-3 所示，发出商品占用资金为 56.12，库存商品占用资金为 979.94，合计 1036.06；如图 5-2 所示，采购商品花费 1036.06。

2. 非流动资产

非流动资产包括固定资产和在建工程，电商沙盘系统中不涉及非流动资产。因此，资产总计公式可以表示为如下形式：

资产总计=流动资产合计+非流动资产合计

=货币资金+其他应收款+库存商品+发出商品

网店经营者可根据资产总计公式，结合以下两个公式，思考在经营的最后一期要不要低价清仓（在不亏本的前提下）。

资产周转率得分=营业收入/资产总计×100

资产收益率得分=利润总额/资产总计×100

（二）负债状况

1. 流动负债

在电商沙盘系统中，负债指的是流动负债和非流动负债之和。流动负债资产包括短期借款、应付账款、预收账款和应交税费。非流动负债指的是长期借款。卖家采购时系统未提供享受账期非 0 的采购订单，只要卖家采购竞标成功，货款就立刻收取，所以目前没有需要支付应付账款的情况。同时，系统也没有收取预收账款的情况。那么，流动负债合计公式（流动负债合计=短期借款+应付账款+预收账款+应交税费）可以简化为如下形式：

流动负债合计=短期借款+应交税费

（1）短期借款。卖家可以通过单击系统窗口左侧的"经营状态"|"短期贷款"或"民间融资"项查询已贷贷款。将鼠标指针放在贷款期的红色数字上，可显示贷款额度和账期信息，如图 5-5 所示。

图 5-5　短期借款查询示例 1

卖家也可以通过单击系统窗口左侧的"工作流程"|"短期借款/还本付息"项查询已贷贷款、账期和剩余贷款额度等信息，如图 5-6 所示。

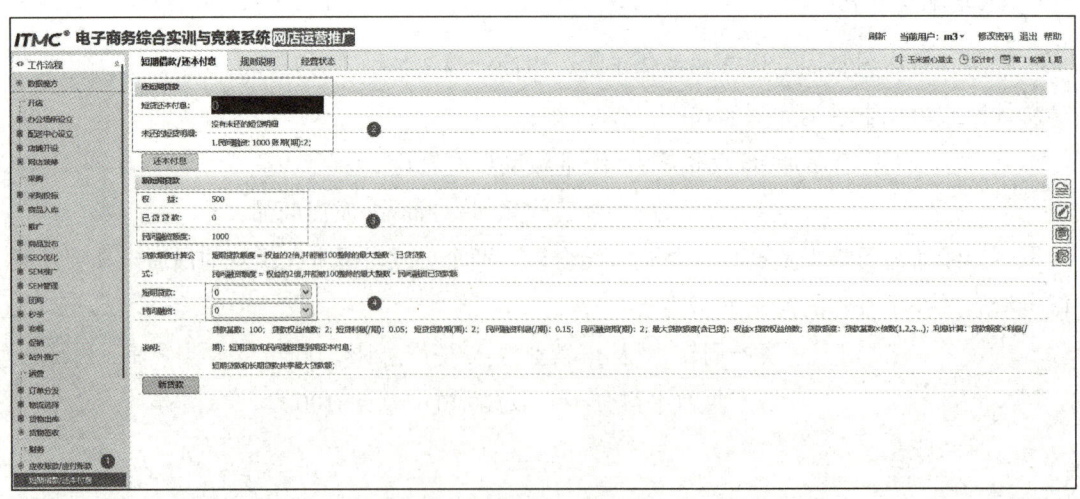

图 5-6　短期借款查询示例 2

（2）应交税费。卖家可以通过单击系统窗口左侧的"工作流程"|"交税"项，打开"交税"页面，应交税费为企业所得税、增值税、城市维护建设税、教育费附加之和。

2. 非流动负债

卖家可以通过单击系统窗口左侧的"经营状态"|"长期贷款"项查询已贷贷款。将鼠标指针放在贷款期的红色数字上，可显示贷款额度和账期信息。卖家也可以通过单击系统窗口左侧的"工作流程"|"长期借款/还本付息"项查询已贷贷款、账期和剩余贷款额度等信息。

因此，负债合计公式可以表示为如下形式：

$$负债合计=流动负债合计+非流动负债合计$$
$$=短期借款+应交税费+长期借款$$

（三）所有者权益状况

在电商沙盘系统中，所有者权益指的是实收资本和未分配利润之和。

1. 实收资本

企业设立和运营必须有一定的资本作为启动资金，这就是实收资本。电商沙盘系统自动给每个网店分配了 500 的启动资金。也就是说，起始的实收资本是 500。比赛时，在后续经营过程中是不允许追加股东投资的，所以网店的实收资本是固定不变的。

资本是开展生产经营活动的本钱。2014 年 3 月 1 日以前，我国实行实收资本制，要求企业在进行工商注册登记时注册资本必须全部到位，而且投资者不能再从企业将投入的资本抽回。法律之所以要求企业有"资本"而且"实收"，是因为企业在生产经营过程中会产生负债，从保护债权人利益角度设定实收资本制，可以将实收资本作为偿债的保证。

实收资本制也给企业带来了很大的困难。一方面，一个新办企业，如果注册资本是 1000 万元，但在运营初期业务尚处于开拓期，并不需要 1000 万元做本钱。而法律要求企业 1000 万元及时到位，这样就会造成资本闲置。另一方面，创业者创业之初手头并没有多少资金，创业的梦想受阻于资本到位的要求，有可能借钱通过工商验资这一关，然后冒着违法的风险将资本划出还债。

2014 年 3 月 1 日起我国实行的《中华人民共和国公司法》将实收资本制改为认缴资本制。认缴资本制给创业者的出资带来了灵活空间，但无论如何，企业开立和运营期间必须有一定的资本作为启动资金，这就是实收资本存在的原因。

知识拓展

实收资本形成的四条路径

路径一：初创时投入。

这些资本一般为创业者（合伙人）最初的投入。他们是企业的缔造者，确定了企业的业务范围、发展方向，形成了早期的管理层等。这些合伙人中往往有一个主心骨，成为企业的灵魂人物或精神领袖。他们拥有企业较多的股份，实质上控制着企业的发展。

路径二：发展中投入。

企业发展到一定阶段后，外部人看好企业的发展前景，想加入企业，就形成了企业在发展中的新资本投入，包括 IPO（首次公开发行）股份、增发股份、风险投资等。

路径三：内部转换。

内部转换包括资本公积转增资本、盈余公积转增资本。

路径四：外部转换。

外部转换包括可转债转换为股份、欠款转换为股份（通常所说的债转股）。

2. 未分配利润

未分配利润在进行分配之前，属于所有者权益的组成部分。从数量上看，未分配利润等于期初未分配利润加上本期实现的净利润。

因此，所有者权益=实收资本+未分配利润=500+轮初未分配利润+本轮实现的净利润。如图 5-7 所示，轮初未分配利润（上轮末净利润）为 554.05，本轮实现的净利润为 1778.12，那么所有者权益=500+554.05+1778.12=2832.17。

得分: 17446											
利润				资产负债和所有者权益合计							
项目	表达式	上轮值	当轮值	资产				负债及所有者权益			
				项目	表达式	上轮值	当轮值	项目	表达式	上轮值	当轮值
营业收入	+	2601.76	6112.45	流动资产				流动负债			
减：营业成本		599.42	2403.31	货币资金	+	2596.24	3909.00	短期借款	+	1300.00	2400.00
税金及附加		26.03	48.22	其他应收款	+	20.00	415.89	应付账款	+	0.00	0.00
销售费用		275.17	628.89	应收账款	+	0.00	0.00	预收账款	+	0.00	0.00
管理费用		962.40	496.20	存货				应交税费		471.03	1123.12
财务费用		0.00	165.00	原材料	+	0.00	0.00	流动负债合计	=	1771.03	3523.12
营业利润	=	738.74	2370.83	在途物资	+	0.00	0.00	非流动负债			
加：营业外收入	+	0.00	0.00	库存商品	+	14.90	2730.40	长期借款	+	700.00	700.00
减：营业外支出		0.00	0.00	发出商品	+	893.94	0.00	非流动负债合计	=	700.00	700.00
利润总额	=	738.74	2370.83	流动资产合计	=	3525.08	7055.29	负债合计	=	2471.03	4223.12
减：所得税费用		184.69	592.71	非流动资产				所有者权益			
净利润		554.05	1778.12	固定资产	+	0.00	0.00	实收资本	+	500.00	500.00
				在建工程	+	0.00	0.00	未分配利润	+	554.05	2332.17
				非流动资产合计	=	0.00	0.00	所有者权益合计	=	1054.05	2832.17
				资产总计		3525.08	7055.29	负债和所有者权益总计		3525.08	7055.29

图 5-7 利润、资产、负债及所有者权益示例

二、财务活动分析

应根据网店的财务数据分析网店的财务活动，如经营活动和融资活动等，以及各项活动的成本、利润和现金流量等，判断是否有利润。

（一）经营活动成本分析

1. 管理费用

管理费用是指企业行政管理部门为组织和管理生产经营活动而发生的各种费用。在电商沙盘系统中，管理费用包括办公场所设立、配送中心设立、店铺开设、网店装修、支付工资和支付相关费用（租赁费、维修费、库存管理费和行政管理费）等活动的支出。网店只有有效地控制管理费用，才能获取更多的利润。

2. 财务费用

财务费用是指企业为筹集生产经营所需资金等而发生的费用。在电商沙盘系统中，财务费用指的是利息支出，即网店短期借款利息和长期借款利息。网店只有合理地规划融资计划，减少利息支出，才能获取更多的利润。

3. 销售费用

销售费用是指企业在销售商品和材料、提供劳务的过程中发生的各种费用。在电商沙盘系统中，销售费用指的是 SEM 推广、站外推广、货物出库和支付相关费用（售后服务费）等活动的支出。网店只有合理地规划销售促进计划和售后服务活动，才能获取更高的利润。

4. 税金及附加

在电商沙盘系统中，税金及附加指的是网店经营的主要业务应负担的企业城市维护建设税和教育费附加。企业所得税在企业利润表的底部出现，而增值税由于其特殊的核算方法，在利润表中无法反映出来。

如图 5-7 所示，网店上轮的营业收入为 2601.76，营业成本为 599.42。

那么，增值税=销售额×增值税税率/（1+增值税税率）−含税成本×增值税税率/（1+增值税税率）=营业收入×增值税税率−营业成本×增值税税率=（营业收入−营业成本）×增值税税率=（2601.76−599.42）×0.13≈260.30。

税金及附加=城市维护建设税+教育费附加=增值税×城市维护建设税税率+增值税×教育费附加率=增值税×（城市维护建设税税率+教育费附加率）=260.30×（0.07+0.03）=26.03。

所得税=利润总额×企业所得税税率=738.74×0.25≈184.69。

（二）营业成本分析

在电商沙盘系统中，商品进货成本指的是购买商品的费用，即商品购入成本。商品进货成本中包含进项增值税，去税后就得到了营业成本。

$$营业成本=商品进货成本（含税成本）/（1+0.13）$$

网店运营成本中，相较于其他成本，商品进货成本是最主要的。只有有效地控制进货成本，才能获取更多的利润。在网店经营中，商品最终能够卖出去，很大一部分因素取决于价格。因此，商品进货成本至少在同类网店平均进货成本之下，才有可能获取更大的利润空间。另外，当商品的一次订购量达到商品折扣要求时，可以享受相应的折扣。

（三）营业收入分析

营业收入是指从事主营业务或其他业务所取得的收入，亦即在一定时期内，商业企业销售商品或提供劳务获得的货币收入。在电商沙盘系统中，销售收入指的是网店销售商品获得的货币收入。销售收入中包含销项增值税，去税后就得到了营业收入。

$$营业收入=销售收入（销售额）/（1+0.13）$$

（四）融资分析

如图 5-8 所示，网店目前有短期贷款 1400、民间融资 700、长期贷款 700、上轮所有者权益合计 1054.05。由于短期贷款和长期贷款共享最大贷款额，因此两者的额度可以一起计算。

项目	表达式	上轮值	当轮值
流动负债			
短期借款	+	1300.00	2100.00
应付账款	+	0.00	0.00
预收账款	+	0.00	0.00
应交税费	+	471.03	476.49
流动负债合计	=	1771.03	2576.49
非流动负债			
长期借款	+	700.00	700.00
非流动负债合计	=	700.00	700.00
负债合计		2471.03	3276.49
所有者权益			
实收资本	+	500.00	500.00
未分配利润	+	554.05	1176.80
所有者权益合计	=	1054.05	1676.80
负债和所有者权益总计	=	3525.08	4953.29

图 5-8　网店融资及负债情况示例

短期贷款和长期贷款共享的贷款额度=权益的 2 倍，并能被 100 整除的最大整数-已贷贷款=2100-（短期贷款+长期贷款）=2100-（1400+700）=0。所以本轮短期贷款和长期贷款额度已满，不能继续贷款。

民间融资额度=权益的 2 倍，并能被 100 整除的最大整数-民间融资已贷款额=2100-700=1400。所以本轮还可以借民间融资，最大贷款额为 1400。

如图 5-8 所示，短期贷款的还款期还有 1 期，民间融资的还款期还有 1 期，长期贷款的还款期还有 2 轮。所以卖家可以在本期任意时刻借民间融资，最大额度为 1400；本期需要支付长期贷款利息。如果下一期还有民间融资额度，则需要先还本付息再借款。

三、财务报表分析

财务报表是反映企业或预算单位一定时期资金、利润状况的会计报表。在电商沙盘系统中，财务报表包括现金流量表、利润表和资产负债表。

（一）现金流量表分析

现金流量表是财务报表的 3 个基本报表之一，表明在一个固定期间内企业现金的增减变动情形。它是反映一家企业在一定时期内现金流入和现金流出的动态状况报表。一家正常经营的企业，在创造利润的同时，还应创造现金收益。通过对现金流入来源进行分析，就可以对企业创造现金的能力做出评价，也可以对企业未来获取现金的能力做出预测。现金流量表所揭示的现金流量信息，可以从现金角度对企业偿债能力和支付能力做出可靠、稳健的评价。

在电商沙盘系统中，网店的现金流量包括经营活动现金流量和筹资活动现金流量两部分。分析企业的现金流量，可以从以下几个层次着手。

（1）现金流量总额。企业在一个会计期间（轮）的现金流入量要大于现金流出量，总体上有现金净结余。但也要分析企业相邻几个时期内的现金流量情况，如果有很大的波动，就需要进一步分析其原因。

（2）现金流量结构。对网店来说，经营活动现金流量是主体，只有经营活动现金流量大于筹资活动现金流量，才能说明企业没有偏离主营业务。

（3）现金流量质量。有些网店表面上看起来现金流量很大，或者现金余额很多，但其中有大量贷款，或者即将面临大额还款，这就说明现金流量质量很差。

（二）利润表分析

利润表是反映企业在一定会计期间内经营成果的财务报表。在电商沙盘系统中，利润表反映了不同内涵的利润构成，分为营业利润、利润总额和净利润 3 个层次。

1. 营业利润

营业利润是指企业营业活动所取得的利润，营业活动指的是销售商品。如图 5-7 所示，网店上轮的营业收入为 2601.76、营业成本为 599.42、税金及附加为 26.03、销售费用为 275.17、管理费用为 962.40、财务费用为 0。

营业利润=营业收入-营业成本-税金及附加-销售费用-管理费用-财务费用

=2601.76-599.42-26.03-275.17-962.40-0

=738.74

2. 利润总额

利润总额是指企业营业利润加上营业外收支净额。不具有价值的资产处置，如报废、损毁等处置行为产生的收益或损失，记入利润表中的"营业外收入"和"营业外支出"项目中。在电商沙盘系统中，不涉及营业外收入和营业外支出。

利润总额=营业利润+营业外收入-营业外支出

=营业利润+0-0

=营业利润

3. 净利润

净利润是指企业当期利润总额减去企业所得税后的金额，即企业的税后利润。企业所得税是指企业将实现的利润总额按照企业所得税法规定的标准计算的应向国家缴纳的税金。净利润的多寡取决于两个因素，一是利润总额，二是所得税费用。

净利润=利润总额-所得税费用

如图 5-7 所示，网店上轮的利润总额为 738.74、所得税费用为 184.69，那么净利润=利润总额-所得税费用=738.74-184.69=554.05。

（三）资产负债表分析

资产负债表是反映企业在某一特定日期（如期末、轮末）全部资产、负债和所有者权益情况的会计报表，是企业经营活动的静态体现。它是根据"资产=负债+所有者权益"这一平衡公式，依照一定的分类标准和次序，将某一特定日期的资产、负债、所有者权益的具体项目予以适当的排列编制而成的。

1. 资产表

如图 5-7 所示，网店上轮的货币资金为 2596.24、其他应收款为 20、库存商品为 14.9、发出商品为 893.94，那么资产总计=货币资金+其他应收款+库存商品+发出商品=2596.24+20+14.9+893.94=3525.08。

2. 负债表

如图 5-7 所示，网店上轮的短期借款为 1300、应交税费为 471.03、长期借款为 700，那么负债合计=短期借款+应交税费+长期借款=1300+471.03+700=2471.03。

3. 所有者权益表

如图 5-7 所示，网店上轮的实收资本为 500、未分配利润为 554.05，那么所有者权益=实收资本+未分配利润=500+554.05=1054.05。

任务二　供应链数据分析

📝 任务目标

1. 能够对网店的采购策略进行优化调整。
2. 能够对网店的物流计划进行优化调整。
3. 具备数据分析能力。
4. 具备精益求精的工匠精神。

📑 任务分析

供应链数据反映了网店的商品、供货商、仓储配送中心、物流等情况。通过对供应链数据的分析和优化，网店可以降低采购成本，减少库存，最终达到开源节流、获得利润的目的。

一、商品动销率分析

商品动销率=（动销单品数量/库存总单品数量）×100%

动销单品数量是指网店所有的商品种类中有销量的单品数量。库存总单品数量是指仓库中的单品总数量。

（一）采购数据查询

卖家单击系统窗口左侧的"辅助工具"|"采购中标信息"项，系统显示该网店所有采购商品的中标信息。卖家可以按商品、城市、供货公司、时间查询采购中标信息。采购数据信息主要包括商品名、数量、价格、总金额、付款账期、到达期限和是否入库等。其中总金额指商品的进货成本（含税成本）。

1. 按商品查询

卖家可以根据商品查询采购中标信息，以"项链"为例，如图 5-9 所示。

步骤 1：单击系统窗口左侧的"辅助工具"｜"采购中标信息"项，打开"采购中标信息"页面。

步骤 2：在"商品"下拉列表框中选择"项链"，单击"查询"按钮，查看该商品的采购中标信息。

2. 按城市查询

卖家可以根据城市查询采购中标信息，以"沈阳市"为例，如图 5-10 所示。

图 5-9　按商品查询采购中标信息

图 5-10　按城市查询采购中标信息

步骤1：单击系统窗口左侧的"辅助工具"|"采购中标信息"项，打开"采购中标信息"页面。

步骤2：在"城市"下拉列表框中选择"沈阳市"，单击"查询"按钮，查看该城市的采购中标信息。

3. 按供货公司查询

卖家可以根据供货公司查询采购中标信息，以"黄金电子城"为例，如图 5-11 所示。

步骤1：单击系统窗口左侧的"辅助工具"|"采购中标信息"项，打开"采购中标信息"页面。

步骤2：在"供货公司"下拉列表框中选择"黄金电子城"，单击"查询"按钮，查看该供货公司的采购中标信息。

图 5-11　按供货公司查询采购中标信息

4. 按时间查询

卖家可以根据时间查询采购中标信息，以"第 2 轮第 2 期"为例，如图 5-12 所示。

步骤1：单击系统窗口左侧的"辅助工具"|"采购中标信息"项，打开"采购中标信息"页面。

步骤2：在"时间"下拉列表框中选择"第 2 轮第 2 期"，单击"查询"按钮，查看该时间的采购中标信息。

图 5-12　按时间查询采购中标信息

（二）库存数据查询

1. 仓库信息查询

卖家可以在"仓库信息查询"模块查询不同配送中心的库存信息。

步骤1：单击系统窗口左侧的"辅助工具"|"仓库信息查询"项，打开"仓库信息查询"页面，如图 5-13 所示。

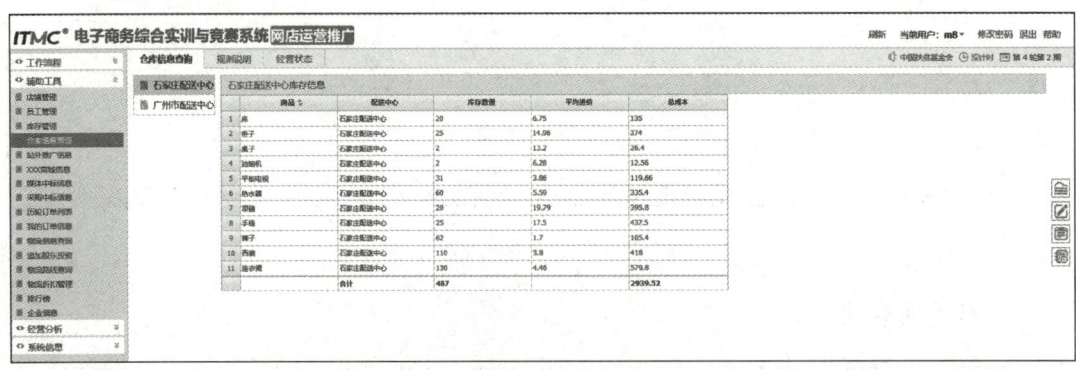

图 5-13　仓库信息查询

步骤2：单击配送中心名称，以"石家庄配送中心"为例，被选中的配送中心背景色变为蓝色，可查看该配送中心库存信息下的商品信息，包括商品名称、库存数量、平均进价和总成本。

2. 库存管理

卖家可以在"库存管理"模块查询所有在库商品的库存信息、配送中心信息和订单统计信息，也可以进行不同仓库之间的货物调拨。

（1）商品库存信息查询。

步骤1：单击系统窗口左侧的"辅助工具"|"库存管理"项，打开"库存管理"页面，如图5-14所示。

图5-14 库存管理

步骤2：查看商品名称、库存城市名称、库存数量、平均进价和总成本等信息。

从图5-14中可以看到各库存商品信息，也可以知道目前该网店拥有两个库存城市，分别是石家庄和广州市，曾经拥有的库存城市是沈阳市。

（2）配送中心信息查询。

步骤1：单击系统窗口左侧的"辅助工具"|"库存管理"项，打开"库存管理"页面。

步骤2：单击系统窗口右侧的"配送中心信息"按钮，打开"查看配送中心信息"页面，如图5-15所示。

图5-15 查看配送中心信息

步骤 3：单击配送中心名称，被选中的配送中心背景色变为蓝色，可查看该配送中心库存信息下的商品信息，包括商品名称、库存数量、平均进价和总成本。

（3）订单统计信息查询。

步骤 1：单击系统窗口左侧的"辅助工具"|"库存管理"项，打开"库存管理"页面。

步骤 2：单击系统窗口右侧的"订单统计"按钮，打开"订单统计信息"页面。

步骤 3：查看当期商品的订单信息，包括商品名称、库存城市名称、合计数量、平均价格和合计金额。

（4）库存调拨。

步骤 1：单击系统窗口左侧的"辅助工具"|"库存管理"项，打开"库存管理"页面。

步骤 2：单击系统窗口右侧的"库存调拨"按钮，打开"库存调拨"页面，如图 5-16 所示。

图 5-16 库存调拨

步骤 3：在"出库配送中心"下拉列表框中选择出库配送中心；在"调入配送中心"下拉列表框中选择调入配送中心；在"配送物流公司"下拉列表框中选择物流公司，系统默认为快递；在"商品"下拉列表框中选择商品名称；最后，填写需要调拨的数量。

步骤 4：单击"调拨"按钮，系统提示"确认调拨吗？"。单击"确定"按钮，系统提示"调拨成功！支付运费：7.56"。单击"确定"按钮，完成调拨。如果还需进行调拨操作，重复执行步骤 3 和步骤 4。

练一练

按照图 5-16 所示进行库存调拨，需要支付多少费用？

（三）商品动销率分析

卖家可通过计算商品动销率，了解各时期单品销售情况及库存情况，判断哪些商品是爆款，哪些商品是滞销品。

这里以计算某网店第 4 轮第 2 期项链的动销率为例。

步骤1：单击系统窗口左侧的"辅助工具"|"库存管理"项，打开"库存管理"页面。

步骤2：单击系统窗口右侧的"订单统计"按钮，打开"订单统计信息"页面。

步骤3：查看当期项链的订单信息，如图5-17所示。从图5-17中可知，这期的项链订单涉及4个城市，合计数量=2+1+3+3=9。

		商品名	城市名称	合计数量	平均价格	合计金额
1	☑	项链	北京	2	84.80	169.60
2	☑	项链	沈阳市	1	84.80	84.80
3	☑	项链	石家庄	3	84.80	254.40
4	☑	项链	太原市	3	84.80	254.40
5	☐	连衣裙	北京	10	13.20	132.00
6	☐	连衣裙	沈阳市	11	13.20	145.20
7	☐	连衣裙	石家庄	4	13.20	52.80
8	☐	连衣裙	太原市	64	2.83	158.77
9	☐	连衣裙	哈尔滨市	57	4.40	198.33
10	☐	连衣裙	广州市	18	10.56	158.46
11	☐	连衣裙	海口	59	2.83	145.58
12	☐	连衣裙	长沙市	58	3.78	185.17
13	☐	西装	北京	15	14.68	220.20
14	☐	西装	沈阳市	20	14.68	293.60
15	☐	西装	石家庄	47	9.88	418.16
16	☐	西装	太原市	10	14.68	146.80
17	☐	西装	哈尔滨市	8	14.68	117.44
18	☐	西装	广州市	10	14.68	146.80

图5-17　第4轮第2期项链订单统计信息

步骤4：单击系统窗口左侧的"辅助工具"|"库存管理"项，打开"库存管理"页面，选择商品"项链"，查到项链的库存数量为20。

步骤5：计算商品动销率。商品动销率=（动销单品数量/库存总单品数量）×100%=9/20×100%=45%。

二、物流数据分析

（一）物流运费分析

1. 物流信息查询

步骤1：单击系统窗口左侧的"辅助工具"|"物流信息查询"项，打开"物流信息查询"页面，如图5-18所示。

步骤2：单击"物流折扣"按钮，打开"物流折扣"页面，如图5-19所示。在"物流方式"下拉列表框中选择一种物流方式，单击"查询"按钮，查看该物流方式的折扣信息。重复此步骤，可分别查询3种物流方式的折扣信息。

图 5-18　物流信息查询

图 5-19　物流折扣

步骤 3：单击"物流信息"按钮，打开"物流线路信息"页面，如图 5-20 所示。在"商品"、"发货城市"、"目的城市"和"物流方式"下拉列表框中选择商品、发货城市、目的城市和物流方式，单击"查询"按钮，查看物流线路信息，包括距离、单位数量、单位运价和单位加价等。重复此步骤，可查询更多城市之间的物流线路信息。

2. 物流路线查询

步骤 1：单击系统窗口左侧的"辅助工具"|"物流路线查询"项，打开"物流路线查询"页面，如图 5-21 所示。

	计费名称	发货城市	目的城市	商品名称	距离	运输路径	单位数量	单位运价	单件加价
1	蚂蚁快递–澳门	澳门	澳门		1	同城运输	5	1.80	0.29
2	蚂蚁快递–澳门	澳门	长沙市		3	澳门->广州市->5		5.40	0.86
3	蚂蚁快递–澳门	澳门	成都市		5	澳门->南宁市->5		9.00	1.44
4	蚂蚁快递–澳门	澳门	福州市		3	澳门->广州市->5		5.40	0.86
5	蚂蚁快递–澳门	澳门	广州市		1	澳门->广州市	5	1.80	0.29
6	蚂蚁快递–澳门	澳门	贵阳		3	澳门->南宁市->5		5.40	0.86
7	蚂蚁快递–澳门	澳门	海口		1	澳门->海口	5	1.80	0.29
8	蚂蚁快递–澳门	澳门	杭州市		5	澳门->广州市->5		9.00	1.44
9	蚂蚁快递–澳门	澳门	合肥市		4	澳门->广州市->5		7.20	1.15
10	蚂蚁快递–澳门	澳门	呼和浩特市		10	澳门->广州市->5		18.00	2.88

图 5-20　物流线路信息

图 5-21　物流路线查询

步骤 2：在"商品"、"发货城市"、"目的城市"和"物流方式"下拉列表框中选择商品、发货城市、目的城市和物流方式，单击"查询"按钮，查看物流路线信息，包括距离、单位数量、单位运价和单位加价等。重复此步骤，可查询更多城市之间的物流路线信息。

"物流线路信息"页面和"物流路线查询"页面展示的信息基本一样。

备注：系统中，发货城市、目的城市之间的商品运费与城市间距离、物流方式和商品数量有关，与商品类型无关。

3. 物流折扣管理

步骤 1：单击系统窗口左侧的"辅助工具"|"物流折扣管理"项，打开"物流折扣管理"页面，如图 5-22 所示。

图 5-22　物流折扣管理

步骤 2：分别查询 3 种物流方式的折扣信息。EMS 规定，当交易次数达 12 次、交易金额达 50.00 时，物流费用可享受九折；蚂蚁快递规定，当交易次数达 20 次、交易金额达 80.00

时，物流费用可享受七折；平邮规定，当交易次数达 15 次、交易金额达 70.00 时，物流费用可享受五折。

（二）配送中心选择分析

在电商沙盘系统中，配送中心费用主要包括建设费用（租赁费、维修费和搬迁费）及物流费用两部分。配送中心设立的位置与数量需要考虑商品需求人群所在地和物流成本，要以"总费用最低"为选择配送中心的原则。

某次网赛 5 轮经营中，有需求的消费人群每期出现的城市如表 5-2 所示。

表 5-2　5 轮经营中，有需求的消费人群每期出现的城市

经营期	城市									
1-1	北京	沈阳								
1-2	北京	沈阳								
2-1	北京	沈阳	石家庄	太原						
2-2	北京	沈阳	石家庄	太原						
3-1	北京	沈阳	石家庄	太原	哈尔滨	广州				
3-2	北京	沈阳	石家庄	太原	哈尔滨	广州				
4-1	北京	沈阳	石家庄	太原	哈尔滨	广州	海口	长沙		
4-2	北京	沈阳	石家庄	太原	哈尔滨	广州	海口	长沙		
5-1	北京	沈阳	石家庄	太原	哈尔滨	广州	海口	长沙	上海	杭州
5-2	北京	沈阳	石家庄	太原	哈尔滨	广州	海口	长沙	上海	杭州

第 1 轮的需求城市是北京和沈阳，综合考虑配送中心的租赁费、维修费、搬迁费和物流费用，配送中心应设立在沈阳。第 2 轮出现新的需求城市石家庄和太原，根据部分城市间运价可知配送中心设立在石家庄比较合适。如果第 1 轮第 2 期沈阳配送中心仓库库存为 0，那么配送中心可以直接搬迁到石家庄；如果沈阳配送中心仓库还有库存，那么可以先在石家庄设立配送中心，进行库存调拨操作，然后把沈阳配送中心退租。第 3 轮出现新的需求城市哈尔滨和广州，根据部分城市间运价可知从石家庄配送中心往广州发货距离太远，建议在广州设立另一个配送中心。然后，根据石家庄配送中心和广州市配送中心与需求城市的距离，分别设置配送区域，如图 5-23 所示。

图 5-23　设置配送区域示例

任务三　销售数据分析

任务目标

1. 能够多维度分析销售数据，并对网店运营策略进行优化和提升。
2. 能够对销售数据进行诊断分析，并提出合理化建议。
3. 具备信息收集、分析能力。
4. 具备责任意识，遵守电商行业规范。

任务分析

能够从订单撮合机制、流量数据、交易数据等多维度分析销售数据，并对网店运营过程中出现的问题进行分析；能够对销售数据进行诊断分析，并提出合理化建议。

一、订单撮合机制分析

在资源有限的约束条件下，有时候放弃比不计代价地掠取更明智。网店不可能面面俱到，因此要确定重点商品，选取重点消费人群，制定合适的推广策略，以获得流量并提高转化率，进而获得更多的订单和丰厚的利润回报。电商沙盘交易体系如图 5-24 所示。

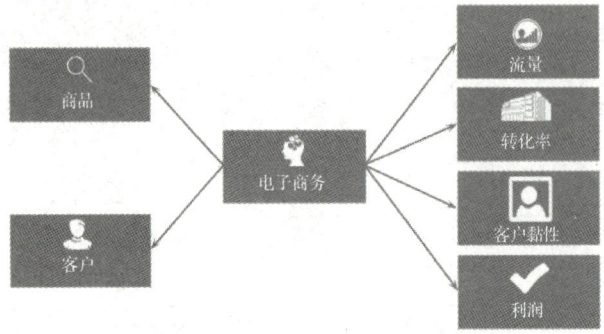

图 5-24 电商沙盘交易体系

（一）了解买家

如何从零开始在电商沙盘系统中开好一家网店？目前，电商沙盘系统的大多数经营者对规则都有比较深刻的理解，竞争也越来越激烈。想要从竞争激烈的环境中脱颖而出，就需要搞清楚在该系统中开网店的最终目的是什么。

最终目的是依靠电商沙盘系统平台的流量获利，这就需要了解买家是怎么来的——流量把买家带进店；买家为什么买——流量转化让买家产生购买行为；买家怎么才能多买——黏性让买家重复购买。

电商沙盘系统的买家是怎么来的？买家是由系统模拟产生的，系统模拟买家的消费需求和搜索习惯，根据关键词搜索，寻找合适的卖家。买家订单产生示意如图 5-25 和图 5-26 所示。

图 5-25 买家订单产生示意 1

图 5-26　买家订单产生示意 2

关键词是买卖双方解决供需关系的桥梁，数据魔方为卖家提供不同类目商品的市场需求信息及基于大数据的关键词的相关数据信息。因此，如果卖家想吸引买家，那么需要掌握数据魔方提供的买家需求信息和搜索习惯，通过优化标题关键词尽可能地匹配买家的搜索习惯，在买家搜索某个关键词时，展示与该关键词相关的商品，并取得靠前的自然排名；或者通过对与自己所销售商品相关的关键词出具一定的竞价价格，在买家搜索其中某个关键词时，展示与该关键词相关的商品，并取得靠前的搜索排名。图 5-27 中的阴影部分为进店关键词。

图 5-27　进店关键词（阴影部分）

（二）各类消费人群成交撮合

电商沙盘系统内置了 4 类消费人群作为买家，各类消费人群成交撮合规则如图 5-28 所示。

1. 注重低价人群成交撮合

注重低价人群成交撮合原理如图 5-29 所示。注重低价人群要通过 SEO、SEM 引流，之后 SEO 前 4 名、SEM 前 3 名进入成交环节，根据商品价格由低到高的顺序决定成交的卖家。假设 A4 组价格最低，那么 A4 组优先成交。

图 5-28 各类消费人群成交撮合规则

图 5-29 注重低价人群成交撮合原理

2. 犹豫不定人群成交撮合

犹豫不定人群成交撮合原理如图 5-30 所示。犹豫不定人群要通过 SEO、SEM 引流，之后 SEO 前 4 名、SEM 前 3 名进入成交环节，成交顺序依次是团购（团购后最低价，有的成团，有的参团却不成团，不成团的话这一部分需求剩余）、秒杀（秒杀后最低价）和促销（优惠额度最大且折后价格不为 0），独立判断成交的卖家。

图 5-30 犹豫不定人群成交撮合原理

3. 注重品牌人群成交撮合

注重品牌人群成交撮合原理如图 5-31 所示。注重品牌人群要通过媒体影响力引流（站外推广：投广告）。通过媒体影响力、商品一口价、商品评价及城市影响力计算出注重品牌人群成交指数；根据买家对物流方式、售后服务的要求确定具备成交资格的卖家，从而计算出每个具备成交资格的卖家的注重品牌人群成交百分比（卖家在订单交易过程中获得订单的概率）；系统根据注重品牌人群成交百分比确定成交卖家。

图 5-31　注重品牌人群成交撮合原理

备注：各组都有一个拿到订单的比例，但系统一般让注重品牌人群成交百分比高的组优先成交。

4. 综合评价人群成交撮合

综合评价人群成交撮合原理如图 5-32 所示。综合评价人群要通过 SEO、SEM 引流，之后 SEO 前 4 名、SEM 前 3 名进入成交环节。通过综合评价指数、商品一口价、商品评价及城市影响力计算出综合评价人群成交指数；根据买家对物流方式、售后服务的要求确定具备成交资格的卖家，从而计算出每个具备成交资格的卖家的综合评价人群成交百分比（卖家在订单交易过程中获得订单的概率）；系统根据综合评价人群成交百分比确定成交卖家。

图 5-32　综合评价人群成交撮合原理

二、流量数据分析

在现在这个"流量为王"的电子商务时代，没有流量就不会成交。电商沙盘系统中的网店流量有 3 个来源，分别为站内自然搜索流量、付费广告流量和站外流量。

想要做一个优秀的卖家，就需要深入分析系统提供的数据魔方，了解买家的消费需求和搜索习惯，掌握 SEO、SEM 关键词匹配方式和排名规则，从而取得较靠前的 SEO、SEM 排名，提高关键词的转化率，促使 4 类消费人群成交。电商沙盘系统订单成交规律如图 5-33 所示。

图 5-33　订单成交规律（销售漏斗）

如何才能让更多的买家光顾自家店铺呢？卖家必须做到店铺被买家搜索到、关键词被匹配；或者卖家的商品在系统中展现的位置比较好，与商品相关的关键词竞价价格排名靠前。买卖双方关键词匹配原理如图 5-34 所示。

图 5-34　买卖双方关键词匹配原理

（一）自然搜索流量——SEO 优化

前已述及，卖家通过优化标题关键词尽可能地匹配买家的搜索习惯，在买家搜索某个关键词时，展示与该关键词相关的商品，并取得靠前的自然排名。也就是说，卖家想要买家光顾自家的网店购买商品，必须做到商品被买家搜索到。

1. 关键词分析

商品标题是由关键词组合而成的。关键词是指买家在电子商务平台搜索时输入的表达个人需求的词汇，往往能直接反映买家搜索的意图。

（1）关键词类型。一个商品标题中的关键词通常有品牌类、材质类、规格类、季节类、商品名称等词汇。关键词可以归为以下几类。

① 核心词。核心词又称类目主词，一般是指商品名称或商品所属类目名称。核心词包括与商品紧密联系的、能准确表达商品的关键词，即大词、热搜词；搜索量大的关键词，在关键词热搜排行榜上排名靠前，通常由2～4个字组成，如项链、洗发水、钻石戒指等。

② 品牌词。品牌词即品牌名称，如海尔、美的、创维、长虹、康佳等。

备注：在真实的电子商务环境中，在优化商品标题组合的过程中切忌使用未经授权的品牌词，否则可能构成侵权。

③ 属性词。属性词指的是描述商品特征属性的词语，包括商品规格、材质、颜色、风格等，如雪纺、高腰、玛瑙、钢化、液晶等。

④ 营销词。营销词指的是带有营销意味的词语，包含优惠信息、商品卖点等，通常作为核心词和属性词的补充，如包邮、2024年新款、正品等。

⑤ 长尾词。长尾词是商品的非中心关键词，但与中心关键词相关，是可以带来搜索流量的组合关键词，一般由两个或两个以上的词组成，且通常由核心词、属性词、营销词等搭配而成，如32寸LED液晶电视、大码七分裤女夏、儿童家具套房男孩等。长尾词的优点是搜索精准，转化率高，搜索竞争小，展现机会多；缺点是搜索量小，展现量小。

（2）关键词挖掘。买家通过搜索关键词来寻找所需要的商品。在电商沙盘系统中，每种商品都有一个关键词词库。也就是说，买家一般利用词库里的词来寻找所需要的商品。因此，为了更好地了解商品关键词词库的特点，卖家可以对商品关键词词库进行分析。

① 关键词密度。关键词密度又称关键词频率，用来衡量某个关键词出现的次数与商品关键词词库中所有关键词个数的比例，一般用百分数表示。关键词出现的频率越高，关键词密度越大。举例来说，某个商品关键词词库共有100个关键词，而某个关键词出现5次，则可以说该关键词密度为5%。合理的关键词密度可以使卖家获得较靠前的排名，但若关键词密度过大，则会起到相反的效果。

② 词频分析。通过对数据魔方的词库进行词频分析，卖家可以有依据地设置商品关键词。以油烟机关键词词库为例，数据魔方提供了165个关键词，每个关键词都包含展现量、点击量、点击率、转化量和转化率等相关数据信息，如图5-35所示。对油烟机关键词词库进行词频分析可以得到词云图，如图5-36所示。油烟机词频排名前10的分词结果如表5-3所示。

	关键词	展现量	点击量	转化量	点击率	转化率	点击花费	平均点击单价	搜索相关性
1	中山樱花油烟机	4523	1042	189	23.04%	18.14%	18.00	0.02	3.60
2	志高油烟机	4774	1137	189	23.82%	16.62%	6.00	0.01	3.40
3	油烟机中式	2631	710	95	26.99%	13.38%	156.00	0.22	3.20
4	油烟机正品	1018	255	47	25.05%	18.43%	126.00	0.49	4.60
5	油烟机樱花	2889	781	95	27.03%	12.16%	72.00	0.09	3.40
6	油烟机特价包邮	533	118	12	22.14%	10.17%	6.00	0.05	4.20
7	油烟机特价	713	189	24	26.51%	12.70%	6.00	0.03	2.80
8	油烟机全国联保	4415	1042	189	23.60%	18.14%	6.00	0.01	3.60
9	油烟机近吸	3297	758	95	22.99%	12.53%	12.00	0.02	2.60
10	油烟机电机	4087	947	95	23.17%	10.03%	18.00	0.02	2.00
11	油烟机触摸	4108	947	95	23.05%	10.03%	18.00	0.02	2.00
12	油烟机侧吸玻璃	3012	663	95	22.01%	14.33%	12.00	0.02	3.00
13	油烟机侧吸包邮	2444	474	47	19.39%	9.92%	6.00	0.01	4.00
14	油烟机侧吸	3119	725	77	23.24%	10.62%	1470.00	2.03	5.20
15	油烟机包邮	631	173	25	27.42%	14.45%	426.00	2.46	3.00
16	油烟机 正品	687	243	44	35.37%	18.11%	264.00	1.09	8.40
17	油烟机 樱花	4353	1042	189	23.94%	18.14%	6.00	0.01	3.60
18	油烟机 侧吸	2830	734	95	25.94%	12.94%	174.00	0.24	3.00
19	油烟机	12327	3102	361	25.16%	11.64%	2262.00	0.73	4.00
20	油烟	4330	1042	189	24.06%	18.14%	30.00	0.03	3.60

图 5-35　油烟机关键词词库信息

图 5-36　油烟机关键词词云图

表 5-3　油烟机词频排名前 10 的分词结果

分词	油烟	烟机	油烟机	抽油烟机	樱花	侧吸	吸油烟机	正品	排油烟机	方太
词频	148	148	145	36	26	20	15	8	7	6
词库覆盖率	89.70%	89.70%	87.88%	21.82%	15.76%	12.12%	9.09%	4.85%	4.24%	3.64%

分词	油烟	烟机	油烟机	抽油烟机	樱花	侧吸	吸油烟机	正品	排油烟机	方太
词库词	是	是	是	是	是	否	是	否	是	是
剔除"烟机"分词后词库覆盖率	—	—	—	—	2.42%	—	—	—	—	0.61%

由表 5-3 可知，"烟机"在整个油烟机关键词词库中覆盖率为 89.70%，"樱花"在整个油烟机关键词词库中覆盖率为 15.76%，以"烟机"做无重叠筛选后"樱花"的覆盖率为 2.42%。如果卖家的油烟机标题中包括"烟机"和"樱花"两个关键词，那么可以覆盖油烟机整个关键词词库的 92.12%（89.70%+2.42%）。

做一做

请根据数据魔方分别制作 13 种商品关键词词云图。

2. SEO 商品排名

仍用项目三的得分规则，基于某关键词模拟买家的一次搜索，SEO 商品排名得分前 $M×0.6$ 个的卖家的商品会被展现；SEO 商品排名得分前 $M×0.4$ 个的卖家的商品会被点击。SEO 商品排名得分如图 5-37 所示。

图 5-37　SEO 商品排名得分

3. SEO 优化

在优化商品标题时，应该注意以下两点。

（1）网店内不同类型的商品所采取的标题优化策略不同。网店内的商品根据销量可以分为爆款商品、日常销售款商品和新款/滞销款商品。

对于爆款商品，尽量选择行业中的大词、热搜词，以及词库覆盖率高的词作为关键词。这些爆款商品销量高，转化率高，商品绩效高，大词、热搜词可以更多地展现，更容易被买家搜索到。

对于日常销售款商品，基于商品属性词进行拓展，挖掘关键词，如可以将词库覆盖率高的关键词和词库覆盖率低的关键词组合成商品标题。

对于新款商品，各个卖家都在同一条起跑线上，尽量选择行业中的大词、热搜词，以及词库覆盖率高的词作为关键词。对于滞销款商品，则以获取精准流量为目标，尽可能选择竞争较小、词库覆盖率较低、较为精准的关键词，这些词往往是长尾词或低频词。新款/滞销款商品标题的前期优化阶段适合使用一些优质长尾词或低频词，以提高商品的转化率，从而提升商品的绩效。

（2）商品标题优化是一个动态过程，需要不断分析相关数据。商品标题关键词使用核心词（高频词）时，商品绩效越高，带来的流量越多。对于转化率和点击率较高的词，尽量不去调整，当商品的销量增加、绩效不断提升或保持高分时，带来的流量越多，就越容易成交。

当商品绩效较低时，SEO 排名进不了前 4 名，若卖家使用核心词（高频词），只会增加商品的点击量和展现量，无法成交，致使推广效果很差，反而会继续降低商品的绩效。此时，若卖家使用较为精准的长尾词（低频词），则推广效果优于核心词（高频词）。

（二）付费广告流量——SEM 推广

关键词搜索引流即直通车（SEM）对卖家而言是一个非常好的引流工具。在商品销量比较小的情况下，自然搜索流量比较少，想要获得更多的展现量或流量，可以使用直通车。直通车相当于搜索引擎的竞价排名，通过付费的方式，可以获得更好的展示机会。与搜索引擎竞价排名一样，卖家可以针对每个竞价词自由定价，并且可以看到排名位置，按照实际被点击次数付费。

1. 关键词分析

SEM 推广关键词词库和 SEO 关键词词库一致，关键词类型分析和挖掘方法也相同。

2. SEM 商品排名

仍用项目三的得分规则，基于某关键词模拟买家的一次搜索，SEM 商品排名得分前 $N×0.4$ 名的卖家的商品会被展现；SEM 商品排名得分前 $N×0.3$ 名的卖家的商品会被点击。SEM 商品排名规则主要由关键词质量分和竞价价格决定，乘积被称为 SEM 商品排名得分，即 SEM 商品排名得分=质量分×竞价价格，如图 5-38 所示。对于同一个关键词，SEM 商品排名得分越高，SEM 商品排名越靠前。

图 5-38　SEM 商品排名得分

关键词质量分越高，对 SEM 推广越有利，获得的推广效果越理想。根据 SEM 商品排名规则，关键词质量分越高，就越可以用更低的价格把 SEM 商品展现在更靠前的展示位，从而获得更大的流量。

3. SEM 扣费机制

前已述及，卖家实际为某个 SEM 关键词的一次点击支付的费用=该关键词排名下一名的竞价价格×（下一名的质量分/卖家的质量分）+0.01。通常情况下，不考虑溢价因素，实际扣费一定低于竞价价格。因此，可以把 SEM 推广关键词竞价价格称为卖家愿意为该关键词单次点击花费的最高价格。

另外，从上面的扣费公式可以看出，当竞争排名时，提高自己的质量分不仅能够降低竞价价格，还能够减少实际扣费。对于同一个排名，质量分高的卖家可以比质量分低的卖家节省不少推广费用。如果短期内无法提高自己的质量分，那么舍弃一些竞争激烈的关键词，退而求其次，也可以节省不少推广费用。

4. SEM 推广商品选择

对大多数网店来说，对全部商品进行推广不但费时，而且容易造成资金的浪费。因此，需要从全部商品中选择目标商品或效果较好的商品进行推广。通常可以运用"二八法则"对商品进行初步选择。二八法则又称二八定律、80/20 定律、帕累托法则、不平衡原则等，被广泛应用于社会学、企业管理学等众多领域。在任何一组商品中，主要的只占其中一小部分，约 20%，其余 80%尽管是多数，却是次要的。根据二八法则，在选择推广商品时可以选择网店内的爆款商品和主要销售的利润款商品进行推广，并选取少量有潜力的新款/滞销款商品进行推广。借助原先商品的销量、人气等，爆款商品的竞争力更强，更容易获取

SEM 推广流量，且对 SEM 推广流量的使用效率更高。利润款商品虽然竞争力稍弱，但是利润空间大，可以为网店带来收益。

在运用二八法则初选商品后，卖家可以通过测款选出更适合推广的商品。所谓测款就是卖家花费一定的时间和资金对初选的商品进行推广，从推广的数据中进一步筛选出推广效果较好的商品。

5. SEM 推广关键词选择

（1）关键词添加。在选择关键词时，总的原则在于卖家为自己不同的商品选择合适的关键词，这些关键词能够让相应的商品有机会排名靠前获得流量，且获得的流量尽可能多。

一般可以根据商品不同发展阶段选择关键词。所谓商品不同发展阶段，本质就是商品的竞争力不同，不仅会直接影响商品所选关键词的质量分，还会影响关键词引入流量的转化效果。

爆款商品在同行业商品中具有较强的竞争力，容易在 SEM 推广关键词排名中获得比较靠前的位置，从而得到展现量和流量。因此，在选择爆款商品关键词时不用过多担心排名和转化效果，应尽量追求流量最大化，优先选择行业内热搜词、短词（高频词）。

日常销售款商品的竞争力弱于爆款商品，出价相同时排名不够靠前，如果想排名超过爆款商品，就得提高出价。因此，日常销售款商品不能盲目选择太多热搜词、短词（高频词），以免造成推广费用的浪费。为了保证关键词转化效果，不浪费推广资金，需要进行筛选，筛选出少量完全符合商品特征的热搜词、短词进行推广。另外，应重点选择搜索量较大的商品属性关键词进行比较精准的推广，在保证推广转化效果的情况下，尽可能多地获得流量。对日常销售款商品来说，转化数据往往比点击数据更为重要。

对于新款商品，各个卖家都在同一条起跑线上，应尽量选择行业内热搜词、短词，选择词库覆盖率高的关键词。各个卖家质量分一致，只要出价合适，高频词就容易被展现、点击甚至成交。滞销款商品是竞争力最差的，在进行推广时不能盲目选择关键词并投入大量资金，不然很容易造成推广资金的浪费。滞销款商品讲究一个循序渐进的"养词"过程，可以在推广初期，配合 SEO 关键词选择一些符合自身商品属性的长尾词，利用长尾效应慢慢积攒展现量、点击量、点击率和转化量等。在不清楚哪些关键词有机会展现时，可以模仿测款的思路，粗略选择大量长尾词进行测试，保留有机会被展现和点击的关键词进行后续的推广。

（2）关键词竞价价格。关键词竞价价格由卖家自己设定，不由搜索引擎设定。关键词的实际扣费不会超过卖家设置的关键词出价。关键词出价主要依据卖家的资金状况和对市场竞争的预判设置。

SEM 关键词质量分如图 5-39 所示。某卖家商品项链的关键词"项链"的质量分为 8，预估竞争对手的质量分为 10，愿意为关键词"项链"被点击一次所支付的价格为 1.50，那么该卖家要想排名超过竞争对手需要的竞价价格最低值=（竞争对手质量分×竞争对手竞价价格）/该卖家质量分=（10×1.50）/8≈1.88。因此，该卖家的关键词竞价价格只有大于 1.88 才能排名靠前。

图 5-39　SEM 关键词质量分

6. SEM 推广计划预算设置

SEM 推广计划预算是指在一定时期内卖家愿意为推广计划支付的最高推广费用。SEM 推广计划预算是推广计划中非常重要的内容，每个推广计划都应有独立的预算，互不干扰。如果在规定的时期内，推广费用达到该推广计划预算，那么该推广计划就会"下线"，其他推广计划不受影响。卖家如果想继续推广这个计划，那么可以修改该推广计划预算，追加推广费用，等到下一个推广周期开始，推广计划重新"上线"。推广计划预算按"期"设置，要合理、足额。

（三）站外流量——媒体影响力引流

企业可通过站外推广获取站外流量。站外推广就是通过对企业网络营销站点的宣传吸引用户访问，同时树立企业的网上品牌形象，为企业营销目标的实现打下坚实的基础。

1. 查询自己网店的媒体中标信息

卖家单击系统窗口左侧的"辅助工具"|"媒体中标信息"项，打开"媒体中标信息"页面，可查询该网店所有的媒体中标信息。卖家也可以在此页面按"轮"和"期"查询媒体中标信息，如图 5-40 所示。

图 5-40 媒体中标信息

2. 查询所有网店的媒体中标信息

卖家单击系统窗口左侧的"辅助工具"|"站外推广信息"项，打开"站外推广信息"页面，可查询所有网店当期的媒体中标信息，如图 5-41 所示，可以查看中标账号、媒体名称、商品名称、时段名称、中标费用、影响力度、最低投放额度和关系值信息。

图 5-41 站外推广信息

三、交易数据分析

（一）推广效果分析

1. SEO 优化效果分析

卖家单击系统窗口左侧的"工作流程"|"SEO 优化"项，打开"SEO 优化"页面，可查询各售卖商品的网店名、SEO 标题、库存数量、销售数量和一口价等信息，如图 5-42 所示。系统会每期更新销售数量，而 SEO 标题、库存数量和一口价需要卖家手动更新。通过比较本期销售数量与上期销售数量，就可以发现 SEO 优化的总体效果。

图 5-42　SEO 优化

卖家也可以根据网店类型分别查询以上信息。如果发现两期销量没有太大变化，那么说明网店自然流量排名没进前 4，需要修改商品标题关键词。

2. SEM 推广效果分析

卖家单击系统窗口左侧的"工作流程"|"SEM 管理"项，打开"SEM 管理"页面，可查询各售卖商品的默认竞价、展现量、点击量、转化量、点击率、转化率、点击花费、平均点击单价、销售件数、销售额和投入产出比等信息，如图 5-43 所示。其中，转化量指的是订单数，销售件数指的是销售的总数量。卖家根据以上信息调整关键词、竞价价格和推广计划的每期限额。

图 5-43　SEM 推广

3. 进店关键词分析

卖家单击系统窗口左侧的"经营分析"|"进店关键词分析"项，打开"进店关键词分析"页面，如图5-44所示。

图 5-44　进店关键词分析

在"推广组"、"推广计划"、"商品"和"时间"下拉列表框中选择一种或多种查询方式，再单击"查询"按钮，查看进店关键词分析信息，包括时间、店铺名称、商品名称、关键词、SEO 点击量、SEO 转化量、SEO 转化率、SEM 点击量、SEM 转化量、SEM 转化率、点击花费、平均点击单价、销售额和投入产出比等信息。其中，SEO 转化量和SEM 转化量指的是订单数。卖家根据以上信息调整关键词、竞价价格和推广计划的每期限额。

（二）订单管理

1. 我的订单信息

卖家可以查询网店目前的订单信息。

步骤1：单击系统窗口左侧的"辅助工具"|"我的订单信息"项，打开"我的订单信息"页面，如图5-45所示。

图5-45　我的订单信息

步骤2：在"商品"、"到达城市"、"物流方式"、"订单类型"、"消费人群"和"时间"下拉列表框中选择一种或多种查询方式，单击"查询"按钮，可查看订单信息，包括订单类型、到达城市、客户名称、到货期限、销售额、优惠金额、要求物流、消费人群、状态、到货进度和受订时间等信息。其中，状态包括未处理、货物到达、已经出货等。到货进度都是红色，说明货物到达；到货进度还有绿色，说明已经出货但未到达；到货进度为空，说明订单尚未处理。

卖家通过"订单类型"下拉列表框可以查询订单来源是正常购买、套餐、秒杀，还是团购；通过"消费人群"下拉列表框可以查询订单来自综合评价人群、注重低价人群、犹豫不定人群，还是注重品牌人群，可以验证网店的目标消费人群订单是否达到预期设想。

2. 订单汇总统计

卖家可以查询网店截至目前各种商品的销售总数。

步骤1：单击系统窗口左侧的"经营分析"|"订单汇总统计"项，打开"订单汇总统计"页面，如图5-46所示。

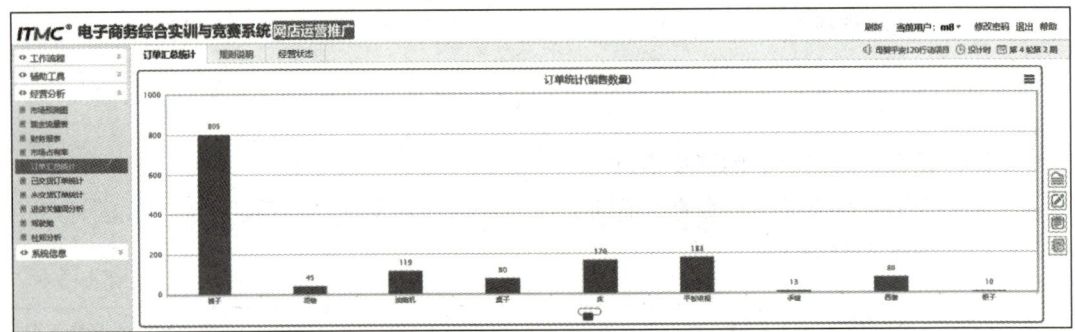

图 5-46 订单汇总统计

步骤 2：查询已售出商品的销售总数。

3. 历轮订单列表

卖家可以查询网店各期所有订单信息。

步骤 1：单击系统窗口左侧的"辅助工具"|"历轮订单列表"项，打开"历轮订单列表"页面，如图 5-47 所示。

步骤 2：在"商品"、"到达城市"、"物流方式"、"订单类型"、"消费人群"和"时间"下拉列表框中选择一种或多种查询方式，单击"查询"按钮，可查看订单信息，包括订单类型、到达城市、到货期限、销售额、优惠金额、要求物流、消费人群、状态、到货进度和受订时间等信息。其中，状态包括未处理、货物到达、已经出货、已交货和退货等。到货进度都是红色，说明货物到达；到货进度还有绿色，说明已经出货但未到达；到货进度为空，说明订单尚未处理。

图 5-47 历轮订单列表

步骤3：单击"已交货统计"按钮，按"轮"查询已交货订单统计信息，如图5-48所示。在"轮"下拉列表框中选择要查询的轮次，单击"查询"按钮。重复此步骤可继续查询其他轮次的已交货订单统计信息。

		城市名称 ⇕	合计数量	平均价格	合计金额
1		北京	60	12.36	781.90
2	☐ 桌子	北京	40	47.84	1831.34
3	☐ 油烟机	北京	39	29.38	1075.42
4	☐ 平板电视	北京	72	11.60	820.85
5	☐ 项链	北京	18	89.00	1593.90
6	☐ 手链	北京	6	0.01	0.06
7	☐ 裤子	北京	126	5.42	695.79
8	☐ 西装	北京	47	12.79	626.60
9	☐ 床	沈阳市	74	17.70	1273.36
10	☐ 柜子	沈阳市	1	0.01	0.01
11	☐ 桌子	沈阳市	31	42.29	1313.90
12	☐ 油烟机	沈阳市	54	23.80	1331.58
13	☐ 平板电视	沈阳市	27	10.86	300.48
14	☐ 项链	沈阳市	24	81.00	1944.00
15	☐ 手链	沈阳市	4	24.67	74.03
16	☐ 裤子	沈阳市	335	6.73	2393.36
17	☐ 西装	沈阳市	9	16.10	144.90
18	☐ 床	石家庄	36	17.62	581.91

图5-48　已交货订单统计

4. 未交货订单统计

卖家可以查询网店各期未交货订单。

步骤1：单击系统窗口左侧的"经营分析"|"未交货订单统计"项，打开"未交货订单统计"页面，如图5-49所示。

图5-49　未交货订单统计

步骤2：在"轮"和"期"下拉列表框中选择一种或多种查询方式，单击"查询"按钮，可查看未交货订单统计信息，包括商品名、城市名称、合计数量、平均价格和合计金额等信息。

5. 已交货订单统计

卖家可以查询网店各轮已交货订单。

步骤 1：单击系统窗口左侧的"经营分析"|"已交货订单统计"项，打开"已交货订单统计"页面，如图 5-50 所示。

图 5-50　已交货订单统计

步骤 2：在"轮"下拉列表框中选择要查询的轮次，单击"查询"按钮。重复此步骤可继续查询其他轮次的已交货订单统计信息，包括商品名、城市名称、合计数量、平均价格和合计金额等信息。

任务四　竞争数据分析

任务目标

1. 能够从排行榜、市场占有率等维度进行竞争力分析。
2. 能够通过竞争数据分析、诊断网店运营过程中的问题，并提出合理化建议。
3. 具备信息收集、分析能力，以及系统思考和独立思考能力。

任务分析

知己知彼，百战不殆。对网店运营人员来说，对竞争对手的分析是非常重要的。只有做好对竞争对手的分析，了解对方的优点和弱点，才能制定出更好的推广方案。

一、竞争对手数据分析

（一）排行榜分析

卖家可以查询各网店的得分排名，包括净利润排行榜、资产总计排行榜和慈善排行榜等，可以据此判断竞争对手的竞争力。

步骤1：单击系统窗口左侧的"辅助工具"|"排行榜"项，打开"排行榜"页面，如图5-51所示。

图5-51　排行榜

步骤2：单击"得分排名"按钮，可查看各小组的经营进度、权益和净利润情况。这里各小组的净利润是实时更新的，可以据此预估竞争对手下一轮的权益和资金状况。

步骤3：单击"净利润排行榜"按钮，可查看各小组的净利润情况。这里各小组的净利润是隔一轮更新的。

步骤4：单击"慈善总排行榜"按钮，可查看各组的慈善捐款情况。根据慈善捐款数额可以判断竞争对手是否主打综合评价人群。

（二）市场占有率分析

卖家可以查询各网店商品的市场占有率情况，据此判断竞争对手的相关商品是否有绩效，下期哪些商品有市场空隙。

步骤1：单击系统窗口左侧的"经营分析"|"市场占有率"项，打开"市场占有率"页面，如图5-52所示。

步骤2：在"选择轮份"、"选择期数"和"选择商品"下拉列表框中选择要查询的轮份、期数及商品，单击"查询"按钮。重复此步骤可继续查询其他商品在不同时期的市场占有率。将鼠标指针放在饼图上，会相应显示某网店在某类消费人群中的占比和数量，可以据此推测该网店的哪些商品有绩效，哪些商品可能是爆款，下期哪些商品的哪些市场可能有空隙。

图 5-52　市场占有率

（三）×××商城信息

卖家可以查询各网店商品的销售情况，包括商品 SEO 排名和 SEM 排名、交易额度、订单量、人气和视觉值，以及商品一口价和具体的促销信息。

步骤 1：单击系统窗口左侧的"辅助工具"|"×××商城信息"项，打开"×××商城信息"页面，如图 5-53 所示。

图 5-53　×××商城信息 1

步骤2：在右侧输入框内输入商品关键词，如"打底"。单击"搜索"按钮，可以查看各小组相关商品的 SEO 排名和 SEM 排名，也可以看到商品一口价信息，如图 5-54 所示。

图 5-54　×××商城信息 2

步骤3：单击竞争对手店铺名，可以查看该网店的交易额度、订单量、人气和视觉值，以及商品一口价和具体的促销信息，如图 5-55 所示。

图 5-55　×××商城信息 3

二、网店自身竞争力分析

（一）企业信息

卖家可以查询网店的企业基本信息、商品城市均价、城市影响力、商品评价和商品绩效等。

步骤 1：单击系统窗口左侧的"辅助工具"|"企业信息"项，打开"企业信息"页面，如图 5-56 所示。

步骤 2：查看企业基本信息。通过企业基本信息里面的参数可以计算综合评价指数。

步骤 3：查看商品城市均价、城市影响力和商品评价，计算综合评价人群成交指数。

步骤 4：查看商品绩效。根据图 5-56 显示的商品绩效，可以推测裤子的绩效不达标，需要推广；项链、油烟机和桌子有绩效，但不是爆款，可以适当推广。

图 5-56　企业信息

（二）员工管理

当网店经营不善时，需要节省开支。如果网店经营者的目标消费人群是注重低价人群和犹豫不定人群，那么网店不需要太多高级员工，这时可以解雇部分员工。

步骤 1：单击系统窗口左侧的"辅助工具"|"员工管理"项，打开"员工管理"页面，如图 5-57 所示。

图 5-57　员工管理

步骤 2：选择需要解雇的员工，被选中的员工背景色变为黄色。单击"解雇"按钮，系统提示"您确定要辞退吗？只有办公室人员才能被辞退"。单击"确定"按钮，系统提示"处理成功"。单击"确定"按钮，完成操作。

（三）店铺管理

如果店铺是开放状态，那么可以查看竞争对手的店铺信息。若不想网店信息被竞争对手看到，卖家可以关闭店铺。

步骤 1：单击系统窗口左侧的"辅助工具"|"店铺管理"项，打开"店铺管理"页面，如图 5-58 所示。

图 5-58　关闭店铺

步骤 2：选择需要关闭的店铺，被选中的店铺背景色变为黄色。单击"关闭店铺"按钮，系统提示"您确定要关闭店铺吗？"。单击"确定"按钮，系统提示"保存成功"。单击"确定"按钮，完成操作。

步骤 3：关闭店铺后，买家也不能进入店铺，所以需要在站外推广结束前重新开放店铺，否则将不会有订单产生。选择需要开放的店铺，被选中的店铺背景色变为黄色。单击"开放店铺"按钮（见图 5-59），系统提示"您确定要开放店铺吗？"。单击"确定"按钮，系统提示"保存成功"。单击"确定"按钮，完成操作。

图 5-59　开放店铺

（四）杜邦分析

杜邦分析体系最初是由美国杜邦公司的一个经理创造的。杜邦分析法利用几种主要的财务比率之间的关系，综合地分析和评价企业的财务状况和盈利能力。它是以净资产收益率为首、以总资产收益率为核心的完整的财务指标分析体系。

杜邦分析图可以直观地反映哪些项目影响营业收入净利率和总资产周转率。找出影响这两项指标水平高低的原因，可以进一步发现问题产生的原因。

步骤1：单击系统窗口左侧的"经营分析"|"杜邦分析"项，打开"杜邦分析"页面，如图5-60所示。

图5-60　杜邦分析

步骤2：查看杜邦分析图。

杜邦分析法的基本思想是将企业的净资产收益率逐级分解为多个财务指标，有助于深入分析和比较企业的经营业绩。由图5-60可以看出，杜邦分析法实际上是从两个角度来分析财务状况的，一是内部管理因素分析，二是资产结构和风险分析。

净资产收益率=总资产收益率×权益乘数

其中，

总资产收益率=营业收入净利率×总资产周转率

所以，

净资产收益率=营业收入净利率×总资产周转率×权益乘数

其中，

营业收入净利率=净利润/营业收入×100%

=（营业收入-成本费用）/营业收入×100%

=1-成本费用/营业收入×100%

总资产周转率=营业收入/平均总资产×100%

权益乘数=1/（1-资产负债率）

资产负债率=总负债/总资产×100%

总负债=流动负债+非流动负债

1. 净资产收益率分析

净资产收益率是一个综合性很强的财务比率，是杜邦分析体系的核心，是反映企业为其所有者创造利润能力强弱的重要指标，是企业投资、筹资等各种经营活动效率的综合体现。净资产收益率由总资产收益率和权益乘数的乘积决定，提高二者中的一个都可以提高净资产收益率。但是，提高总资产收益率与提高权益乘数的意义截然不同。总资产收益率反映的是企业利用现有资产创造利润的能力，它的提高是企业经营效率和资金利用效率的提高，表明投资者的投入在企业中得到了更加有效的利用，是企业管理人员对股东的真正贡献；而权益乘数的提高虽然也可以提高净资产收益率，但这却是以提高股东的财务风险为代价的，因此它对提高股东权益价值的贡献不大，甚至可能起到相反的作用。

2. 权益乘数分析

权益乘数表示企业的负债程度。权益乘数越大，企业的负债程度越高。权益乘数既能给企业带来较大的杠杆利益，又能给企业带来较大的风险。当市场上的资金成本率低于企业的投资收益率时，企业应加大负债经营的比重，以便获得较高的财务杠杆收益。但企业也因此承担了较高的财务风险，因为市场条件一旦恶化，即当市场上的资金成本率高于企业的投资收益率时，企业就会负担较重的利息和面临不能按期还债的危机。所以，权益乘数对企业来说是把双刃剑。

3. 总资产收益率分析

总资产收益率是反映企业经营效率和盈利能力的重要指标，它体现了企业全部资产的盈利能力和创新能力。总资产收益率由营业收入净利率和总资产周转率的乘积决定，它的大小取决于营业收入净利率和总资产周转率。因此，要想提高总资产收益率，可以从提高营业收入净利率和提高总资产周转率两方面入手。提高营业收入净利率又可以从两方面入手：一是提高销售额，二是降低成本费用（销售成本和各种费用支出）。提高总资产周转率实际上是要在总资产不变的情况下，提高营业收入，这同样需要从两方面入手：一是降低单位商品成本，从而在资产周转期不变的情况下减少单位商品占用的资产，使同样的资产可以产生更多的营业收入；二是提高各类资产的周转率，缩短商品占用资产的时间，创造更多的营业收入。

4. 营业收入净利率分析

营业收入净利率反映了企业净利润与营业收入之间的关系。一般来说，营业收入增加，企业的净利润也会随之增加。但要想提高营业收入净利率，必须一方面提高销售额，另一方面降低成本费用，这样才能使净利润的增长高于营业收入的增长，从而使营业收入净利率得到提高。由此可见，要想提高营业收入净利率，必须在以下两个方面下功夫。

（1）开拓销售渠道，提高销售额，增加营业收入。在市场经济中，企业必须深入调查研究市场情况，了解市场的供需关系。在战略上，从长远的利益出发，尽力上架新商品；在策略上，保证商品的销售渠道，开拓 B 店，努力提高市场占有率。

（2）加强成本费用控制，降低耗费，增加利润。利用杜邦分析体系，可以分析企业的成本费用是否合理，以便发现企业在成本费用方面存在的问题，为加强成本费用管理提供依据。企业要想在激烈的市场竞争中立于不败之地，就要在营销与商品销售类目上下功夫，尽可能降低商品的成本，增强商品在市场上的竞争力。同时，要严格控制企业的管理费用、财务费用等各种期间费用，降低耗费，增加利润。如果企业所承担的利息费用过高，就应该进一步分析企业的资产结构是否合理，负债比率是否过高，因为不合理的资产结构也会影响企业的所有者权益。

5. 资产状况分析

（1）分析企业的资产结构是否合理，如流动资产与固定资产的比例是否合理，不仅关系到企业的偿债能力，还会影响企业的获利能力。一般来说，流动资产直接体现了企业的偿债能力和变现能力，而固定资产则体现了企业的经营规模、盈利潜力等。合理的资产结构表现为企业对流动性与盈利性的兼顾和不偏颇。企业资产一般要求保持一定的流动性，如果流动资产比例过高，那么表明企业的资产没有被有效地使用，这种流动性的维持可能是以企业盈利能力的下降为代价而实现的。企业要及时发现流动资产中闲置资产的具体种类，判断到底是因现金持有量过大出现现金闲置的现象，还是因流动资产中存货和应收账款过多影响了企业的资金周转。另外，还应该分析企业固定资产中经营性固定资产与非经营性固定资产的比例。顾名思义，非经营性固定资产是指没有投入生产经营的固定资产，必然不会给企业带来收益。如果非经营性固定资产在总资产中的比例过高，将会影响企业的盈利能力。所以，在总资产不变的情况下，要尽可能地降低非经营性固定资产的比例和数额。

（2）结合营业收入分析企业的资产周转情况。资产周转速度直接影响企业的盈利能力，如果企业资产周转速度较慢，就会占用大量资金，减少企业的利润。对资产周转情况进行分析时，不仅要分析企业的总资产周转率，还要分析企业的存货周转率和应收账款周转率等有关各资产组成部分的使用效率，从而判断影响资产周转的主要问题出在哪里。

练一练

根据图 5-61 提供的财务报表数据，把相应的数值填入图 5-62，完成杜邦分析。

得分：43515

利润表

项目	表达式	上轮值	当轮值
营业收入	+	3883.14	13953.04
减：营业成本	-	1219.46	3605.57
营业税金及附加	-	45.28	175.90
销售费用	-	597.41	2358.94
管理费用	-	1484.40	1186.40
财务费用	-	0.00	175.00
营业利润	=	536.59	6451.23
加：营业外收入	+	0.00	0.00
减：营业外支出	-	0.00	0.00
利润总额	=	536.59	6451.23
减：所得税费用	-	134.15	1612.81
净利润		402.44	4838.42

资产负债和所有者权益合计

资产				负债及所有者权益			
项目	表达式	上轮值	当轮值	项目	表达式	上轮值	当轮值
流动资产：				流动负债			
货币资金	+	2764.61	9882.20	短期借款	+	1500.00	1100.00
其他应收款	+	99.25	0.00	应付账款	+	0.00	0.00
应收账款	+	0.00	0.00	预收账款	+	0.00	0.00
存货：				应交税费		632.25	3547.78
原材料	+	0.00	0.00	流动负债合计	≈	2132.25	4647.78
在产物资	+	0.00	0.00	非流动负债			
库存商品	+	170.83	506.44	长期借款	+	0.00	0.00
发出商品	+	0.00	0.00	非流动负债合计		0.00	0.00
流动资产合计	≈	3034.69	10388.64	负债合计	≈	2132.25	4647.78
非流动资产：				所有者权益			
固定资产原价：				实收资本	+	500.00	500.00
土地和建筑	+	0.00	0.00	未分配利润	+	402.44	5240.86
机器和设备	+	0.00	0.00	所有者权益合计		902.44	5740.86
减：累计折旧	-	0.00	0.00				
固定资产账面价值		0.00	0.00				
在建工程	+	0.00	0.00				
非流动资产合计		0.00	0.00				
资产总计	≈	3034.69	10388.64	负债和所有者权益总计	≈	3034.69	10388.64

图 5-61　财务报表数据

图 5-62　杜邦分析练习

（五）经营能力指标分析

经营能力包括收益力、成长力、安定力、活动力和生产力，合称"五力"。五力分析如表 5-4 所示。

表 5-4　五力分析

收益力	毛利率	（营业收入−直接成本）/营业收入×100%
	营业收入净利率	净利润/营业收入×100%
	总资产净利率	净利润/〔（期初资产总计+期末资产总计）/2〕×100%
	净资产收益率	净利润/〔（期初所有者权益总计+期末所有者权益总计）/2〕×100%
	销售利润率	利润总额/营业收入×100%
	总资产收益率	利润总额/资产总计×100%
成长力	收入成长率	（本期营业收入−上期营业收入）/上期营业收入×100%
	利润成长率	（本期净利润−上期净利润）/上期净利润×100%
	净资产成长率	（本期末资产总计−上期末资产总计）/上期末资产总计×100%
安定力	流动比率	期末流动资产/期末流动负债×100%
	速动比率	（期末流动资产−期末商品库存）/期末流动负债×100%
	资产负债率	期末负债合计/期末资产总计×100%
活动力	存货周转率	当期营业成本/〔（期初商品库存+期末商品库存）/2〕×100%
	应收账款周转率	当期销售净额/当期平均应收账款×100%
生产力	人均利润	当期利润总额/当期员工人数
	人均营业收入	当期营业收入/当期员工人数

（1）收益力衡量企业是否具有盈利的能力，指标中的净资产收益率是投资者较为关心的，反映的是投资者投入资金的能力。一般而言，收益力指标越高越好。

（2）成长力衡量企业是否具有成长的潜力，即持续能力。一般而言，成长力指标越高越好。

（3）安定力是衡量企业财务状况是否稳定、会不会发生财务危机的指标。流动比率大于 2、速动比率大于 1 的企业，被认为短期偿债能力较好。资产负债率越高，说明企业面临的财务风险越大，获利能力越强，在 60%～70% 较为合理。

（4）活动力是从企业资产的管理能力方面对企业经营业绩进行的评价。活动力指标越高，说明企业资金周转速度越快，获利能力越强。

（5）生产力是衡量企业人力资源产出能力的指标。

思考与探究

收获/感悟报告

专业		班级		姓名	
组号		职位/岗位		学号	

题目：

报告摘要：

正文：

教师评价：

（注：纸张不够请另附）

参考文献

[1] 何伟. 电子商务企业经营沙盘模拟教程（第 3 版）[M]. 北京：电子工业出版社，2024.

[2] 章珍珍，朱合圣. 网店运营与管理[M]. 北京：人民邮电出版社，2022.

[3] 北京鸿科经纬科技有限公司. 网店推广实训[M]. 北京：高等教育出版社，2019.